錦絵解析

天皇が東京にやって来た！

奈倉哲三
Tetsuzo Nagura

東京堂出版

目次

本書のはじめに　3

一　天皇が「行幸する」ということ　4

二　初めての東京行幸——第一回東幸　10

三　東幸錦絵を解析するうえでの最も基本的な作業　13

第一章　全体的な概観と画像解析の基礎　17

一　圧倒的に多い着御後の東幸錦絵　21

二　東幸前の江戸・東京情勢　24

1広範囲な市民の抵抗、これに対し「朝威」を知らしめることの緊要性　25

2８月下旬、府下近村に「脱走屯集」し潜伏！　33

3歓迎と警戒の態勢づくり　34

三「東幸行列図」解析のための基礎事項　37

1通行路の把握　37

2行列立と観察記録　42

3鳳輦・葱華輦　44

第二章「東幸行列図」から見えてきた事実　47

一　想像図からは何が見えるか　50

二　情報の宝庫——着御後の東幸行列図　77

①府内行列図にそれぞれの思いを込めた絵師・板元たち　77
②氷川行幸行列図――「御小休」の前と後　158
③東幸記念図東京十二景シリーズ　167
④記念図になぜ虚構図があるのか　171

第三章　「天盃頂戴図」から見えてきた主張　179

一　「御酒下賜」の敢行と実態　180
二　歓喜の国輝とその板元たち　183
三　工夫する了古、大傑作の国周、考えぬいた喜斎立祥　192
四　庶民の願いを代弁する3代広重　209

本書のおわりに　215

一　東幸錦絵群の解析で判明した絵師・板元のスタンス　216
二　「朝威」の核《コア》、天皇神格化の誇示がもたらすもの　219

参考文献・典拠史料一覧　221
あとがき　223

コラム1　てんのう・きんちゃん　16
コラム2　縮小版錦絵　113
コラム3　葱華輦・内侍所　135

本書のはじめに

一　天皇が「行幸する」ということ

現代でこそ、天皇は震災などを蒙った被災者の慰問などの目的で、皇居から全国各地へと外出しますが、長い日本史上、江戸時代が終わるまでは、天皇の「外出」は極めて稀な、特別な行動でした。天皇がその居所（御所・皇居）の外に出ることを、日本史上では行幸（ぎょうこう・みゆき）と言いますが、その行幸も、西暦794年の平安奠都《てんと》以後、満年齢ではまだ1歳と7ヵ月に過ぎなかった安徳《あんとく》天皇が、治承4年（1180年）6月に平清盛の奠都計画によって、福原《ふくはら》（兵庫県神戸市内）へと行幸したことを除けば、ほとんどが、京の都《みやこ》内かその近郊への行幸に限られていました。

江戸時代最後の統仁《おさひと》天皇（諡号孝明《しごうこうめい》※）が、文久3年（1863）3月に賀茂《かも》社（上賀茂・下鴨二社）へ、4月に石清水《いわしみず》社に攘夷祈願の行幸を敢行します。その後、攘夷激派の廷臣や長州藩志士らが企図した大和への行幸計画については、天皇自身が攘夷の即行は無謀とする判断から、8月18日に朝廷内で政変を主導し、大和行幸を中止させます（8月18日の政変）。

※孝明天皇・明治天皇といった名称は、各天皇崩御後に贈られた、諡号もしくは追号ですので、天皇が即位しているその当代、天皇自身の意思や人々の天皇に対する意識を問うような文脈では、諡号・追号で天皇の名を記すことは不適切と思えます。当代の、そうした文脈上であれば、名は諱で書き示すことがより適切であると著者は考えます。本書では、当代の天皇については諱で記し、初出の箇所で、（　）内に諡号もしくは追号を記すことにします。

上賀茂社（京都市北区）・下鴨社（同市左京区）と石清水社（京都府八幡市）は、御所からそれほど遠い距離ではありません。それが、明治元年（１８６８）、まだ9月8日に元号を慶応から明治へと改元して日の浅い20日、これも江戸から名を変えられたばかりの東京へと、天皇が東海道を下って行ったのです。時の睦《むつ》仁《ひと》天皇（追号明治）は、ペリー来航の前年、嘉永5年（１８５２）9月22日の生まれですので、この前年の慶応3年（１８６７）1月9日に践祚《せんそ》した時は数え年で16歳、満年齢で14歳でした〔参考、図1・図2〕。東京へと旅立った日は、数え年17歳、満年齢でようやく16歳になろうとするばかりの少年天皇でした。

歴史上初めて、遠い東の地へと少年天皇が向かったのです。幕府将軍権力と各藩大名による封建的支配の崩壊と天皇権力による統一的国家支配の誕生を、象徴的に示す一大示威行進です。

もっとも、睦仁天皇が御所を出て京をも離れて行幸したのは、これが初めてのことではありません。7か月前の3月21日、御所を出て23日に大坂西本願寺別院に着御《ちゃくぎょ》し、閏4月8日（この年は1年が13ヵ月の陰暦閏年で、4月の次に閏4月が入ります）に還御《かんぎょ》した、47日間の大坂行幸があります〔図3〕。

言うまでもなく、この年は日本史上最大規模の国内戦争、戊辰《ぼしん》戦争の年です※。

※慶応4年＝明治元年（１８６８）の干支が戊辰《つちのえたつ》（ボシン）であることによる歴史用語です。

前年12月9日の「王政復古」クーデタで樹立された京都新政府は、正月3日に京都南の鳥羽《とば》・伏見《ふしみ》で勃発した戦争を機に、一気に旧幕府勢力を軍事的に打倒するための国内戦争へと突入していきます。

したがって、大坂への行幸も東京への行幸も、内戦進展のそれぞれの段階で、軍事倒幕路線を突き進んできた薩摩・長州両藩と朝廷内倒幕勢力の企図によって実行されたものとみる必要があります。

ただそうは言っても、天皇、それも少年天皇をこの内戦のさなか、とりわけ3月の時点で、大坂とはいえ御所の外に出すということは、朝廷内を含め、新政府内部にかなりの抵抗がありました。この政府内部

図1 祐宮《さちのみや》像、伝浮田一蕙筆、安政6年絹本着色、一幅、部分。
勤王画家浮田一蕙作と伝わる、明治天皇幼少の肖像。数え年8歳（満6〜7歳）、第一回東幸の9年前にあたる。京都府蔵（京都文化博物館管理）。

図2 明治天皇肖像写真、明治5年、内田九一撮影。
明治期の天皇肖像写真の内、現在確認できる限り最も早い時期のもの。第一回東幸の４年後にあたる。宮内庁書陵部宮内公文書館蔵。

の抵抗を切り崩し、「大坂行幸」を実現させるには、天皇自身が「外に出る」ことを強く宣言する形をとる必要があります。これが、「五箇条の誓文」と同日の3月14日に出された天皇の「宸翰《しんかん》」（天皇直筆の親書※）です。

※もちろん、そうした形式を採っているということで、実際には、当時満年齢15歳の少年天皇の取り込みに成功した王政復古推進派公家らが作成したものとみるべきでしょう。

従来この「宸翰」は、文中に「遂には万里の波濤を拓開し、国威を四方に宣布し」と、対外侵攻の意思表示と読める部分があることと、その後の史実から、この部分を宸翰の眼目と見なし、「国威宣揚の宸翰」とされてきました。

ですが私は、長文の宸翰全体は、あくまでも今、天皇自身が宮中から外に出て行動することの緊要性について、政府内部の意思一致を図ることにあったとみています。

宸翰は、「朕《われ》幼弱《ようじゃく》を以て猝《にわか》に大統を紹《つ》ぎ、爾来《じらい》何を以て万國に對立《たいりゅう》し、列祖《れっそ》に事《つか》へ奉らんやと朝夕恐懼《きょうく》に堪《たへ》ざる也」といった、少年天皇が自ら弱音を吐露するような文で

図3「仁徳天皇難波都御所え御行幸之図」長谷川小信画、慶応4年月不明、天皇が大坂西本願寺掛所に入る場面を想像している。関西大学図書館蔵。

始まっています。ですが、「朕徒《われいたづ》らに九重中《こゝのへのうち》に安居《あんきよ》し、一日の安きを偸《ぬす》み百年の憂《うれひ》を忘るゝときは、遂《つひ》に各國の凌侮《あなどり》を受け、上《かみ》は列聖《れつせい》を辱《はづか》しめ奉り、下《しも》は億兆を苦しめん事を恐る」とする段ではその弱音を翻し、宮中に安穏として一日を過ごし、この重大時の憂いを忘れていれば、各国から侮られ、歴代天皇を辱め、さらには民を苦しめることになるのだ、と決然と立つ意思を示すのです。さらに、先の「万里の波濤……」を挟んだあとで、今の「神州の危急をしらず」に、「朕《われ》一たび足を挙《あぐ》れは、非常に驚き」疑惑に思う者さえ居ると断じ、天皇は九重から出ないものとする観念が妨げになっていることを強調しています。そして次の呼びかけで結ぶのです。

「汝億兆《なんじおくてう》、能々朕《よくよくわれ》が志《こころざし》を躰認《たいにん》し、相率《あいひきい》て私見を去り、公義を採り、朕《われ》が業を助《たすけ》て神州《しんしゆう》を保全し、列聖《れつせい》の神霊《しんれい》を慰《ゐ》し奉らしめば生前《しやうぜん》の幸甚《こうじん》ならん」と。

「宸翰」は「億兆」（＝人民）の「助」を取り付けることこそに最大の狙いがあったのです。少年睦仁天皇が「億兆」に「助」を求めたその内容は、天皇といえば「九重中《こゝのへのうち》に安居《あんきょ》」しているだけと思うような、因襲的な観念を破棄することに他ならなかったのです。3月14日というのは、15日を期して江戸を総攻撃するという日の前日です。もちろん、その回避のために、前日来、勝安房《かつあわ》（海舟《かいしゅう》）が西郷吉之助《さいごうきちのすけ》（隆盛《たかもり》）と会談しているなどということは、京都新政府はまだ知る由もない時です。九重の垣を越え、江戸征討という大軍事行動を、海路を通じて支援するために大坂に親征出御するという「朕《われ》」の衝撃的な行動計画に対し、「億兆」の理解を求めたのです。もちろん、この「億兆」は文字通りの人民などではまったくありません。「朕《われ》が志《こころざし》を躰認《たいにん》」し、「相率《あいひき》いて私見を去り、公義を採」っ「朕《われ》が業を助《たすけ》」るべき人々、すなわち、新政府内部の役人と、精々すでに朝廷に恭順した諸藩軍の兵士たちまでです（「宸翰」については拙論D参照）。

こうして実現した大坂行幸では、大坂湾に接する標高20m余の人口築山天保山《てんぽうざん》から新政府海軍を親閲したり、大坂城に入って新政府諸藩兵の調練を天覧したりしたのです。

二 初めての東京行幸――第一回東幸

このあと、江戸総攻撃は回避されますが、4月11日の開城と前後して数千もの旧幕兵が新政府への恭順を潔しとせず、戦うことを前提に江戸城から次々と「脱走」し、関東各地で新政府の東征諸藩軍と激しい戦闘に入ります。そして、閏4月下旬から5月にかけて、仙台藩が会津藩と同盟を結ぶに及んで、東北での新政府軍と列藩同盟諸藩との対決が戦闘状態へと突入していきます。

睦仁《むつひと》天皇が京都御所を発するまでの、関東・東北・北陸各地での内戦の経過をここに記す余裕はありませんので、9月20日の発輦《はつれん》（鳳輦《ほうれん》での出立）直前の動向だけを記しておきます。8月28日に米沢藩が降伏の意思を政府軍陣営に示し、9月14日に政府軍が会津若松城への総攻撃を開始します。翌15日には仙台藩主伊達慶邦《だてよしくに》が著した謝罪降伏状が政府軍に渡ります。つまり、東北での主要な戦闘で勝利し、新政府としては、軍事的に全国を制圧できるとの見通しをほぼ確実としつつある時、東幸に発ったのです。

ところが睦仁《むつひと》天皇が京都を発輦した明治元年9月20日の夕刻、最初の行在所《あんざいしょ》大津に入った時、権中納言大原重徳《おおはらしげのり》（新政府刑法官知事）が馬で駆けつけ、京に戻るよう建言するといった事件が起きます。4日前、伊勢外宮《げくう》の豊受《とゆけ》大神宮大祭中に突然大鳥居が倒れ、それが東幸の危険を知らせる凶兆だとして、東幸阻止の行動に出たものでした。対応した議定兼輔相岩倉具視《いわくらともみ》が大原を何とか説得し、事なきを得ますが、政府内一部の反対論はこれ程に強いものだったのです。

こうして天皇は23日間の旅程を経て、10月13日に東京に着御《ちゃくぎょ》、江戸城西丸《にしのまる》（通称西城《さいじょう》）に入ります（本丸は文久3年〔1863〕11月15日の本丸・二の丸炎上後存在しません）。そして18日には江戸城を東京城と改め、天皇東京親臨《しんりん》の間は東京城が「皇居」であると定めます。その後、同年12月25日に京都御所の紫宸殿《ししんでん》で執行される孝明天皇「三年祭」に間に合わせるため、12月8日に東京を発輦し、22日には京都御所に還御《かんぎょ》します（※この「三年祭」が、これまでの「三回忌」的な仏式法会部分を一切排除した、朝廷史上最初の、神祭のみによる神道式年回祭祀となります）。

東京に滞在していたのは、10月13日から12月8日まで56日間のことでした。歴史上初めて天皇が東京の地に足を踏み入れたこの行幸を、歴史学上では第一回東幸と言い表しています。

翌明治2年3月7日に天皇は再び京都を発輦《はつれん》し、途中12日に天皇自身が伊勢神宮を直接参拝するという親謁《しんえつ》を歴史上初めて果たし、3月28日に東京城に着御します。これを第二回東幸と言いますが、このまま京都へ帰らなかったため、いつの間にか東京が都と定まります。

※皇居を京都御所から東京城に移すことを固定化することについては、京都公家層や京都市民の間で反対が根強かったため、政府は遷都《せんと》とか奠都《てんと》とかは宣言しませんでした。そのため、首都が東京へ移った日を何年何月何日と考えるべきか、研究者によって諸説に分かれますが、明治2年の3月28日（1869年4月9日）と考えれば、2019年が150年目にあたります。

本書で取り扱う東幸は、この内の第一回東幸です。

第一回東幸による東京滞在中、10月27日には武蔵国の一宮《いちのみや》である氷川《ひかわ》神社へ行幸し、28日に幣帛《へいはく》を奉じ、29日に東京城へ戻ります。また、11月4日には東京府民へ「御酒下賜」を敢行し、6・7日の両日、府民は諸業を休み「天盃頂戴」を祝います。またその後、発輦までの間、11月16日・28日の2回、浜御殿（浜離宮）へ行幸しています。

この間、東幸行列が江戸城に向かって行進する行列図、またはその行列の一部を画いた図、さらに東京城から氷川神社へ行幸する行列を画いた図（これらを総称して「東幸行列図」とします）と、御酒下賜に喜ぶ東京府民を描いた「天盃頂戴図」との、大別2種の東幸錦絵が多数制作されます。ただし、多数とは言っても、現在まで確認できた点数は両系統合わせて52点ですので、約半年前の数ヵ月間に江戸で大流行した、官軍批判を中心とする戊辰戦争諷刺錦絵（約150点）には及びませんし、文久3年（1863）の、将軍家茂《いえもち》上洛に際して9ヵ月にわたって制作・販売された「上洛錦絵」（3枚続57点、縦1枚もの162点ほど）には遠く及びません。もっとも、「上洛錦絵」は、通常の名所絵に上洛行列を入れただけのものが大半ですが、「東幸行列図」は、本書を読み進めればお判りのように、「上洛錦絵」とは根本的に性格を異にするものですので、数の比較だけをしてもあまり意味がありません。

本書では、この「東幸行列図」と「天盃頂戴図」2種の東幸錦絵1点1点を分析しながら、絵師・板元を含めた江戸・東京市民にとって東幸とは何だったのか？　将軍から天皇への支配の転換が始まった時、庶民はどんな思いでいたのか、などを探究していきます。

ただし、「東幸行列図」や「天盃頂戴図」の錦絵画像自体を、分析対象史料とし、それを同時期の活字史料や一次史料（原・写本古文書）に対する探究結果のうえに載せて解析し、論ずるような歴史研究は、今まで存在しません。そこでまず、この2種の東幸錦絵の画像を、歴史を解明する「史料」として設定し分析するには、どのような手順・作業が必要かを述べておきます。

三　東幸錦絵を解析するうえでの最も基本的な作業

慶応4年（明治元）に江戸・東京で板行された東幸錦絵には、すべて改印《あらためいん》と板元印《はんもといん》（板元名）、絵師名が板刻されています。改印・板元印・絵師名の無い非合法の東幸錦絵はありません。ただし、改印制度という検閲システムは、江戸の町奉行支配下で生まれたもので全国的制度ではありませんので、板元が江戸でなければ改印は無く、絵師名があるだけで板元名も無い「合法」錦絵もあります。

新政府の支配下に入った東京で刊行された「東幸行列図」「天盃頂戴図」は、すべて合法的な錦絵です。天皇の東京着御《ちゃくぎょ》は10月13日ですので、「東幸行列図」の改印が8月・9月であれば、それだけで着御前の「想像図」であることが判りますし、11月であれば、着御後に何らかの実見情報を基に作成されたものであることが判ります。10月の場合には、それだけでは、板下に改印を受けたのが着御前か後かは判りませんので、画像の分析・解析を進めて初めて判ります。したがって、「東幸行列図」から何か「歴史」を論ずるのであれば、まず改印を確認することは初歩中の初歩です。年月日を確認せずに文字史料を引用することがあり得ないのと同じです。

次に板元印で判る板元名ですが、時事性のある報道錦絵は、それをどういう角度で報じたいのかという板元の意思が、主題の設定や絵師の選定に反映しますので、板元を確認することは板元の選んだ絵師を確認することと共に、欠かせません。特に、天皇が着御する半年前の閏4月を含め、4月・閏4月・5月・6月頃は、先に触れたように、4月に江戸に入ってきた官軍に反発する視点から、天皇に対する鋭い諷刺も含めた大量の戊辰戦争諷刺錦絵が作成されていましたので、その時の板元と同じ板元・絵師がいるかいないかを確かめる意味で、非常に重要です。戊辰戦争諷刺錦絵の多くは板元・絵師共に伏せた非合法刊行だったのですが、板元名・絵師名を出し、改印も受けて堂々と刊行した官軍批判の諷刺錦絵も、それなりの数に上りますし、非合法のものでも絵師を推定することが可能な作品もあります（拙著A・B参照）。

ですので、その時に諷刺錦絵を出していた板元や絵師ならば、どのような「東幸行列図」「天盃頂戴図」を作成したのか、また諷刺錦絵作成には加わらなかったと思われる板元・絵師たちはどのような図を出したのか、将軍に代わる新たな支配者を迎え、否も応も無く、曲がり角に立たされた板元・絵師たちが、この曲がり角をどう曲がっていくのか、それを丁寧に見ていくことを通じ、第一回東幸時において、激変する江戸・東京の只中で生活していた市民たちが、どのような政治・社会意識を抱いていたのか、といった問題の一端が見えてくると考えています。

その考察のためには、板元・絵師を徹底的に「洗う」必要があります。「洗う」という意味には、官軍批判の諷刺錦絵を刊行したことがあるか否かということ以外に、板元居住地の確認が含まれます。東幸入府経路にあたる場所か否かは確認必須事項でしょうし、その町が有している特徴が画像の主題に関わっている場合さえあり得ると思えるからです。

東幸錦絵を解析するうえでの最も基本的な作業はだいたい以上ですが、大切な作業がもう一つあります。画像を歴史史料として解析する場合には、その画像内容を分析するだけではダメだ、ということです。画像分析だけではダメとは、関連する画像と比較することはもちろん、同時期の文字史料と突き合わすことによって、初めて画像が歴史史料として解析できる、ということです。関連画像との少しの比較であれば、おこなっている方もいますが、文字史料との突き合わせが驚くほど弱いのが現状です。東幸錦絵の場合は、戊辰内乱終息期の江戸で刊行されたという事実の重たさを、根底に据える必要があります。

ただ、戊辰戦争に対する研究自体、この内乱が、錦絵の板元や絵師を含む江戸生活者にとってどういう意味を持っていたのか、といった角度からの研究は少なく、その解明に役立つはずの活字史料さえ、実はまだ十分には活用されていませんし、原・写本文書（一次文字史料）に至っては、公的な史料保存機関などに、膨大量がまだほとんど眠ったままであるというのが現状なのです。

本書では、著者がこの十数年、戊辰戦争期に江戸で生活していた民衆の意識を解明するという目的のもとに、多くの公的史料保存機関で相当量を調査・蒐集してきた一次史料（原・写本文書）と、すでに活字化されている文字史料を活用し、内乱期と内乱終息期の江戸・東京情勢を多少なりとも解明してきた作業を踏まえ、そのうえに江戸生活者である板元・絵師らが作成・刊行した東幸錦絵を載せて解析し、彼らを含めた江戸・東京市民の激変する生活実態を、可能な限りリアルに把握・提示していきます。

コラム1　てんのう・きんちゃん

「てんのう」と聞けば今では誰でも「天皇」のことだと思います。しかし、幕末まではまったく違います。○○天皇という呼称自体、天保12年（1841）に光格天皇に贈られるまで、874年間も事例が無く、崩御後も○○院と称されていました。復活後も、町触では「天皇」は使われず、「主上《しゅじょう》」「禁裡《きんり》（裏）様《さま》」でした。

一方、京都牛頭天王《ごずてんのう》社（現、八坂神社）を勧請《かんじょう》した全国の牛頭天王社は夏祭りとして定着し、江戸の「天王祭」は子供神輿も出て賑わい、寛政期頃までは牛頭天王の札を子供たちに配る「わいわい天王」という門付けまであったほど（下図参照）、庶民にとって「てんのう」は牛頭天王のことでした。そのため、戊辰内戦中の神仏分離令で、新政府は全国の「牛頭天王社」の社号を廃止します（東京湾沿岸を走るりんかい線に天王洲アイルという駅名がありますが、これは江戸時代中期にこの海中から出た牛頭天王の面を品川天王社（現、品川神社）に祀ったことに由来しています）。

また、150点程の戊辰戦争諷刺錦絵の中で、天皇を幼児に画いて「きんちゃん」と呼びかける語を入れたものは6点ほどあり、将棋の「金駒」や「金魚」などを幼児に画いた天皇に付けて「きんちゃん」を連想させ、天皇であることを知らせる画像が画き込まれたものは13点あり、慶応4年4月～7月頃まで、江戸では「きんちゃん」はかなり広まっていました。他にも、幼児に画いた天皇を「ぼふちゃん」「ぼうや」と呼ぶのが7点ほどあります。また、薩摩や長州他の官軍諸藩を意味する人物に負ぶわれたりして、薩長らに操られている様に画いたものであれば、非常に多くあります（拙著A参照）。

参考図1　「わいわい天王」
猿水洞『盲《も》文《もん》画《が》話《わ》』写本、国立国会図書館蔵。

第一章

全体的な概観と画像解析の基礎

◉第一回東幸錦絵総覧

表A　東幸行列図一覧

No.	題名	枚	改印	絵師および特記事項	板元／居住地／彫師	所蔵機関
一、想像図〔No.1～No.6〕						
1	東海道五拾三次之内大井川船渡之図	3	無	応好一曜斎国輝画	無	浅倉□
2	東京江戸品川高輪風景	3	辰八	応好一曜斎国輝画	山本屋平吉／日本橋堀江六軒町／彫長	江◎・品○
3	東京袖ケ浦風景	3	辰十	国貞門人国政筆	尾張屋清七／麹町六丁目	品◎
4	東京風景図	3	辰八	応好一曜斎国輝筆	大黒屋金之助／築地小田原町二丁目	埼◎
5	東京日本橋勝景	3	辰九	応需広重筆	丸屋（小林）鉄次郎／日本橋通二丁目	明◎・東×
6	無題「東京桜田門之図」	3	辰八	応需魁斎芳年画	大貞（未詳）／多吉	宮◎・東□
二、着御後の図〔No.7～No.37〕（1）実見に基づく府内行列図〔No.7～No.24〕						
7	武州六郷船渡図	3	辰十	魁斎芳年筆	丸屋甚八／芝三島町武兵衛店	神◎・早○・江□・東▼
8	東京高輪之勝景	3	辰十	応需広重図	伊勢屋兼吉／富槇町	著◎×・東□
9	東京名勝図会高輪大木戸	1	辰十一	広重筆	平野屋新蔵／日本橋万町	都◎
10	東京名勝芝大門之図	3	辰十一	好に応じて広重筆	丸屋平次郎／日本橋榑正町利兵衛地借	東▼
11	東京名勝芝神明宮之図	3	辰十一	広重筆	佐野屋喜兵衛／芝神明三島町	著◎
12	東京名勝図会芝増上寺大門	1	辰十一	広重筆	平野屋新蔵／日本橋万町	都◎
13-1	東京府中橋通街之図	3	辰十	応需芳年筆　景様年景画	丸屋甚八／芝三島町武兵衛店	早○・東□ 都□
13-2	其二東京府京橋之図	3	辰十	応需芳年筆　景様門人年景画	丸屋甚八／芝三島町武兵衛店	早○・東□ 都□
13-3	其参東京府銀坐通之図	3	辰十	応需月岡芳年写　景様門人年景画	丸屋甚八／芝三島町武兵衛店	早○
14	東京府名所之内日本橋南通呉服橋之景	3	辰十	一曜斎国輝筆	大黒屋平吉／両国広小路吉川町／彫長	著◎
15	東京府通町ヨリ呉服橋之遠景	3	辰十一	よし藤画	澤村屋清吉／神田和泉橋通	著◎

16	東京日本橋御高札場之図	3	辰十	応需広重筆	平野屋新蔵／日本橋万町	江□
17	東京名勝図会日本橋御高札	1	辰十	広重筆	平野屋新蔵／日本橋万町	都◎
18	東都呉服橋光景	3	辰十	英斎画	木屋作太郎／柳原新地／ヨキ	浅倉□・東□
19	東京名勝呉服橋之図	3	辰十一	広重筆	上州屋金蔵／上野元黒門町	郵□
20	東京名勝図会呉服ばし御門	1	辰十一	広重筆	平野屋新蔵／日本橋万町	都◎
21	東京府京橋ヨリ呉服橋ノ遠景	3	辰十	応好一曜斎国輝画図	海老屋林之助／日本橋堀江町二丁目	早○・東□
22	東京府呉服橋南通遠景之図	3	辰十一	応好一曜斎国輝筆	加賀屋吉兵衛／両国広小路米沢町	東▼
23	東京名所図会	3	辰十	一曜斎国輝筆	辻岡屋文助／両国横山町三丁目	浅倉□
24	無題「行列編成記録図」	2	辰十一	よし藤画	古賀屋勝五郎／本郷二丁目	宮○
（2）実見に基づく氷川行幸行列図〔No.25・No.26〕						
25	東京名勝本郷之風景	3	辰十一	応需広重筆	海老屋林之助／日本橋堀江町二丁目	早◎・東○
26	東京十二景本郷	1	辰十一	国政筆	蔦屋吉蔵／南伝馬町一丁目	歴○
（3）東京十二景シリーズの内、実見に基づく図〔No.27～No.32〕						
27	東京十二景六郷渡し	1	辰十一	国輝筆	蔦屋吉蔵／南伝馬町一丁目	歴○
28	東京十二景高縄	1	辰十一	応好国政筆	蔦屋吉蔵／南伝馬町一丁目	歴○
29	東京十二景芝大門前	1	見えず	応好国政筆	蔦屋吉蔵／南伝馬町一丁目	歴○
30	東京十二景京橋	1	辰十一	応好国政筆	蔦屋吉蔵／南伝馬町一丁目	歴○
31	東京十二景通町	1	見えず	国政筆	蔦屋吉蔵／南伝馬町一丁目	歴○
32	東京十二景呉服橋	1	辰十一	応好国政筆	蔦屋吉蔵／南伝馬町一丁目	歴○
（4）東京十二景シリーズの内、虚構図〔No.33～No.37〕						
33	東京十二景鉄炮洲	1	辰十一	国輝筆	蔦屋吉蔵／南伝馬町一丁目	歴○
34	東京十二景内桜田	1	辰十一	国輝筆	蔦屋吉蔵／南伝馬町一丁目	歴○
35	東京十二景両国	1	辰十一	国政筆	蔦屋吉蔵／南伝馬町一丁目	歴○
36	東京十二景亀戸天神	1	見えず	国輝筆	蔦屋吉蔵／南伝馬町一丁目	歴○
37	東京十二景浅草	1	辰十一	国輝筆	蔦屋吉蔵／南伝馬町一丁目	歴○

※No.22とNo.55の3図の改印は「辰十一」だが、No.22には1図に、No.25には1図と2図に、「辰十」の改印がある。

表B　天盃頂戴図一覧

1	明治元歳十一月四日 東京府市中え御酒被下給町民一同頂戴群衆之図	3	辰十一	応好一曜斎国輝筆	辻岡屋文助／両国横山町三丁目	東◎
2	江戸橋日本橋風景 東京府御酒頂戴	3	辰十一	応需国輝筆	山本屋平吉／日本橋堀江六軒町	宮○・江○
3	東京府御酒被下之図	3	辰十一	さくら坊芳盛画	園原屋正助／神田柳原新地／多吉	宮○
4	東京市中にぎはひ之図	2	辰十一	応需了古戯画	増田屋銀次郎／芝神明三島町	小西□
5	東京御酒頂戴之図	3	辰十一	玉斎画	木屋作太郎／柳原新地	東◎
6	御酒拝領	2	辰十一	応需国周筆	津国屋伊三郎／住居未詳／多吉	小西□
7	天盃頂載為御礼諸民欽楽東京麹町拾二丁目俄茶番	3	辰十二	喜斎立祥（2代広重）画	濃州屋安兵衛／四谷伝馬町新壱丁目	東◎
8	天盃頂載為御礼諸民欽楽東京府四谷之風景	3	辰十一	応需広重筆	濃州屋安兵衛／四谷伝馬町新壱丁目	江□
9	東京幸橋御門内の図	3	辰十一	応需広重筆	新井三之助／日本橋築地小田原町	菊水
10	東京名勝図会 幸橋御門うち	1	辰十一	広重筆	平野屋新蔵／日本橋万町	著○
11	東京幸橋之図	3	辰十一	応需広重筆	人形屋多吉か／麹町元飯田町	みずい
12	御酒頂戴	3	辰十一	応好広重筆	海老屋林之助／日本橋堀江町二丁目	歴○・都○
13	東京汐留新橋之図	3	辰十一	応好広重筆	津国屋伊三郎／住居未詳／彫長	東◎
14	ありがたき御代万代を寿て御酒下されを祝ふ万民	2	辰十一	応好広しけ戯筆	伊勢屋兼吉／日本橋富槇町	小西○
15	天拝市中御祭礼図	3	辰十一	容斎年景書	増田屋銀次郎／芝神明三島町	浅井

◎所蔵機関：歴＝国立歴史民俗博物館、東＝東京大学史料編纂所、都＝東京都立中央図書館特別文庫室、江＝東京都江戸東京博物館、宮＝宮内庁宮内公文書館、早＝早稲田大学中央図書館、明＝明治神宮、埼＝埼玉県立歴史と民俗の博物館、神＝神奈川県立歴史博物館、品＝品川区立品川歴史館、郵＝郵政博物館、菊水＝菊水日本酒文化研究所、浅倉＝浅倉哲家蔵、著＝著者蔵、みずい＝みずい版画データ提供、小西＝小西四郎『錦絵　幕末明治の歴史』5「明治の新政」（講談社、一九七五年）、浅井＝浅井勇助『近世錦絵世相史』第二巻（平凡社、一九三五年）。画質◎優、○良、□可、▼汚れ、×一部欠損。

一 圧倒的に多い着御後の東幸錦絵

提示した表「東幸錦絵総覧」は、現在（2018年10月末）までに著者が確認し得た東幸錦絵全52点の一覧表で、その内、表Aが「東幸行列図」、表Bが「天盃頂戴図」の一覧です。

東京府が府民に東幸を報知したのは8月23日です。つまり、改印が「辰八改」であれば、情報を得てすぐ制作にかかり、月内に板下を届出た東幸想像図ということになります。「辰九改」とあればこれも想像図です。「辰十改」であれば、想像図かそれとも13日以後に、行列実見情報を基に制作したものかを、画像を解析して判断します。結果は、表AのNo.1からNo.6まで6点が想像図です。「辰八改」3点、「辰九改」1点、「辰十改」で画像から想像図としたのが1点です。もう1点、改印の無い作品をNo.1に入れました。「本書のはじめに」で「板元が江戸でなければ改印は無く、絵師名があるだけで板元名も無い《合法》錦絵もある」と述べたように、これが唯一、江戸以外の板元が出したもので、内容から「想像図」と判明したものです。

No.7以後の31点はすべて着御後の東幸行列図ですが、この内、No.25とNo.26は氷川行幸行列図です。また、No.26からNo.37までは「東京十二景」というシリーズものですが、この内、No.33からNo.37までの5点は、着御後ではあっても、東幸行列も行幸行列も通らなかった場所を選定した「虚構図」です。

表Bの「天盃頂戴図」15点は、すべて御酒下賜が実施されたことを受けての東幸錦絵です。

なお、考えようによっては表Aの「想像図」に入れられるものに、多数の従者が担いだ鳳輦《ほうれん》と騎乗の政府高官らが大井川を渡っていく図を画いた「東海道大井川風景之図」があります〔図4〕。この改印は「辰

図4「東海道大井川風景之図」明治元年10月、絵師魁斎芳年、板元山城屋甚兵衛。明治神宮蔵。

図5「頼朝公大井川行列図」文久3年、絵師一英斎芳艶。島田市博物館蔵。

十改」ですが、これは、文久3年（1863）の将軍家茂《いえもち》上洛に際して作成された「頼朝公大井川行列図」〔図5〕の構図を模倣し、対象を駕籠の将軍から鳳輦の天皇に変えただけと見なせますので、「想像図」に入れず、東幸行列をそれなりに画いた行列図のみを「東幸行列図」と定めます。

表Aの13‐1、13‐2、13‐3の9枚続は各3枚続ごとに画題が別に付き、3枚続単位でも販売されたものですので、これを3点と数えれば、表Aは全体で40点になります。

さて、この全37点もしくは40点中、東京着御前の想像図は6点に過ぎず（「東海道大井川風景之図」を入れたとしても7点）、あとはいずれも着御後の東幸行列図だということが判ったわけですが、幕末維新期の政治史研究で多くの業績を残した佐々木克さんは、『江戸が東京になった日』で、東幸前の最も早い8月の想像図から受けた「ビッグイベントの予告ポスターのようなもの」といった感想を、着御後の錦絵にも広げ、「錦絵は行幸の模様を実際に見て描いたのではなく、想像して描いたものが多いのである」としてしまいました。佐々木さんがそこで提示した画像は表AのNo.13‐1で、この改印は10月です。

10月でも13日の着御前に改印を受けた可能性はありますが（その事例がNo.3）、画像を注意して見れば着御後のものであることは明瞭で、しかもそこには大変貴重な情報が画き込まれているにもかかわらず（詳しくは本文102頁〜112頁参照）、画像内容の分析はおろか、改印さえ確認せずに、「想像図」論を展開した頁で、その書唯一の「東幸行列図」例として画像を提示してしまいました。維新研究で業績を残された佐々木さんでありながら、錦絵を史料として扱うという点では完全に歴史家失格になっています。さらに残念なのは、佐々木さんに限らず、「東幸行列図」などの、通常の名所図とは異なった報道性のある錦絵作品を、史料として見ずに、人目を惹く「挿絵画像」として、自己の歴史叙述を飾るだけの目的で活用する歴史家がまだまだ見られることです。

表A全体でもう一つ留意しておきたいのは、先に触れたように、着御前の想像図ではなく、着御後でありながら、あり得ない場所を設定した虚構図が「東京十二景」シリーズに5点あることです。その意味については個々の虚構図を分析したうえで述べますが、想像図の6点にこの虚構図5点を加えても、佐々木さんのように、「錦絵に描かれた、とくに東幸の行列の模様は、フィクションものが多い」と片付けてしまってはならないということです。錦絵から歴史を論ずる場合に、そうした態度で臨めば、個々の錦絵から読み取れる大切な情報を一切見落としてしまいます。

もちろん、たとえ「想像図」「虚構図」を除いた着御後の「東幸行列図」作品の内、特に写実性を重視する絵師が画いた作品であっても、絵師独自のデフォルメがあるのは当然ですし、どれほど「実際」に近い錦絵であっても、一片の「嘘」も含まれないものはありません。フィクション性という面で言えば、それはどんな錦絵にもあることが当然なのです。

しかし大切なことは、第一に、それらの作品を丁寧に見ていくことで、文字史料のみでは把握できなかった貴重な史実がいくつも浮かび上がってくるということ、第二に、フィクション性についても、何をどうデフォルメしているかで、それぞれの板元・絵師が強調したかったことが見えてきます。第三に、着御前の「想像図」も着御後の「虚構図」も、作成され・販売されたことは史実であり、それが一定の「需要」に基づいた作品であることを考えれば、その意味を考えることが、江戸・東京市民の意識を探究することに繋がります。第四に、先にも触れましたが、これらの東幸錦絵の中に、かつて数ヵ月前に官軍批判の錦絵を出していた板元や絵師たちが出したものがあれば、その作品を分析することで、この数ヵ月間の、江戸・東京情勢の激変と、そのもとで生きていくこと以外に選択の余地のなかった、彼らの生き様までをも知ることができるのです。以上、これらを全体的に探究することによって、戊辰戦争期に生きた、江戸・東京庶民の意識を探究する、民衆思想史としての具体的な研究が一歩前進するでしょう。

表Bの「天盃頂戴図」についても、そういった視点から注意深く作品を見ていきます。

二　東幸前の江戸・東京情勢

第一回東幸が、京都新政府内の一部に根強くあった反対論を抑え込んだ形で強行されたことは、すでに多くの研究によって解明されていることですが、これまでの研究では、主として中央政局内での政府高官同士の議論として論じられてきました。反対論があったにもかかわらず強行されたのは、江戸に早くから入っていた政府高官たちが府民の強い反政府感情を熟知していたことがまず前提にあり、その反政府感情を和らげるためには、朝廷の権威に触れる機会が全くなかった江戸庶民に、朝威というものをはっきりと知らしめる必要があるという、在江戸政府高官たちの主張があったためです。もっとも、こうした見方を、史料に基づいて提起している論はまだ多くはありません。著者は、府内民衆の反政府感情とその行動について、すでにいくつかの著書・論文で述べてきましたが、本節では、慶応4年（1868）4月4日の勅使入城から9月中旬までの江戸・東京情勢について、府内の際立った反政府行動と、それに関わる政府高官の発言とを中心に、当時生活していた江戸市民の目線で整理し、以下に提示します。

①広範囲な市民の抵抗、これに対し「朝威」を知らしめることの緊要性

4月4日に、東海道先鋒総督橋本実梁《はしもとさねやな》と副総督柳原前光《やなぎはらさきみつ》が江戸城西丸に入り、勅諚五ヵ条（①慶喜《よしのぶ》の死一等を免じ水戸退隠謹慎を命ずる、②江戸城を明け渡し尾張藩に預ける、③軍艦・銃砲を引き渡す、④城内住居家臣は城外に引退し謹慎する、⑤慶喜謀叛を助けた者の死一等は免じ相当の処置を命ずるが、万石以上の者には朝裁を加える）を伝えますが、その翌5日、両勅使の宿陣池上本門寺《いけがみほんもんじ》に、江戸町人惣代が訪れ、名主90余名もの加判がある歎願書を先鋒総督に提出しました。その歎願書には、不敵にも「徳川家の御恩沢」が強調され、慶喜が罪を一身に引き受けて諸人の命を救おうとしているとし、それに対して「涕泣《ていきゅう》の至り」とまで感謝の言が綴られ、慶喜救解が歎願されていたのです。

4月15日頃には、2月以来、旧幕臣柳河春三《やながわしゅんさん》が発刊していた木板の市民派新聞『中外新聞』第12号（10日付）に、その歎願文全文が掲載されます。

4月中旬、徳川将軍家祈禱寺兼菩提寺の東叡山寛永寺《とうえいざんかんえいじ》山主、輪王寺宮公現親王《りんのうじのみやこうげんしんのう》（孝明天皇の猶子《ゆうし》（擬制的な子））に対し、京都から実父伏見宮式部卿邦家《ふしみのみやしきぶきょうくにいえ》の直書《じきしょ》で、「天機伺《てんきうかがい》に上京せよ」との朝命が届けられます。「天機伺」とは天皇への御機嫌伺いのことですが、この内戦下での「天機伺」は、僧侶として徳川家祈禱

寺・菩提寺を守る立場にある輪王寺宮に対し、朝廷への恭順を迫るだけでなく、還俗《げんぞく》をも強制（僧籍剥奪）しかねない性格のものです。実際、輪王寺宮の実兄仁和寺宮嘉彰《にんなじのみやよしあき》親王は、還俗のうえで官軍の総大将である征討大将軍に就きましたし、実弟である知恩院宮《ちおんいんのみや》も還俗して華頂宮博経《かちょうのみやひろつね》親王となっています。

幼少時から仏門に入り、仏法に仕えることを使命としていた宮は、苦渋の末、むしろ上京し、仏法を衰墜させる政府の動きに意見を述べたうえで、寛永寺に久しく住みたいとして、上京を決めます。

しかし、宮の出立予定を知った門前町人や寛永寺領農民らは4月下旬から閏4月初頭にかけて、上京中止の歎願大行動を展開します。門前町人は、今、宮が寛永寺から出れば、彰義隊《しょうぎたい》が籠もる上野の山が官軍に攻撃されて戦争になるとの危機感から行動し、寛永寺領農民は、宮への深い崇敬を根底に据え、徳川の世が終われば寛永寺領一万石余の民はどこに放り出されるのか、といった根本的な不安から行動しました。

門前町人の歎願は閏4月10日付『中外新聞』23号に載り、市民上層部に報じられます。一方、最幕末期から急速にニュース報道化してきた「かわら版」の一部板元は、寛永寺領農民の歎願書を、漢字の読めない庶民へ読ませるため、ほとんどすべての漢字に読み仮名を付し、難しい熟語には左側に意味も付して摺り出します〔図6〕（これは古書店から入手したものですが、その後、もとの歎願書本文の写しを、寛永寺領と幕領である徳丸脇村《とくまるわき》の旧年寄組頭家文書の中に発見できました〔図7〕）。そればかりか、門前町人・寛永寺領農民に寄り添う視点で、歎願した町村名を謎解きで報じた錦絵まで販売されます〔図8〕。

こうして、門前町人と近郊農民の大行動、『中外新聞』の報道、かわら版による大宣伝、謎解き錦絵の販売、それと元々から寛永寺内の下部多数の僧侶中にあった上京中止の意見などが相まって、閏4月11日、ついに輪王寺宮と執当覚王院義観《かくおういんぎかん》ら寛永寺上層部は上京中止を決めます（以上、拙論E・F参照）。

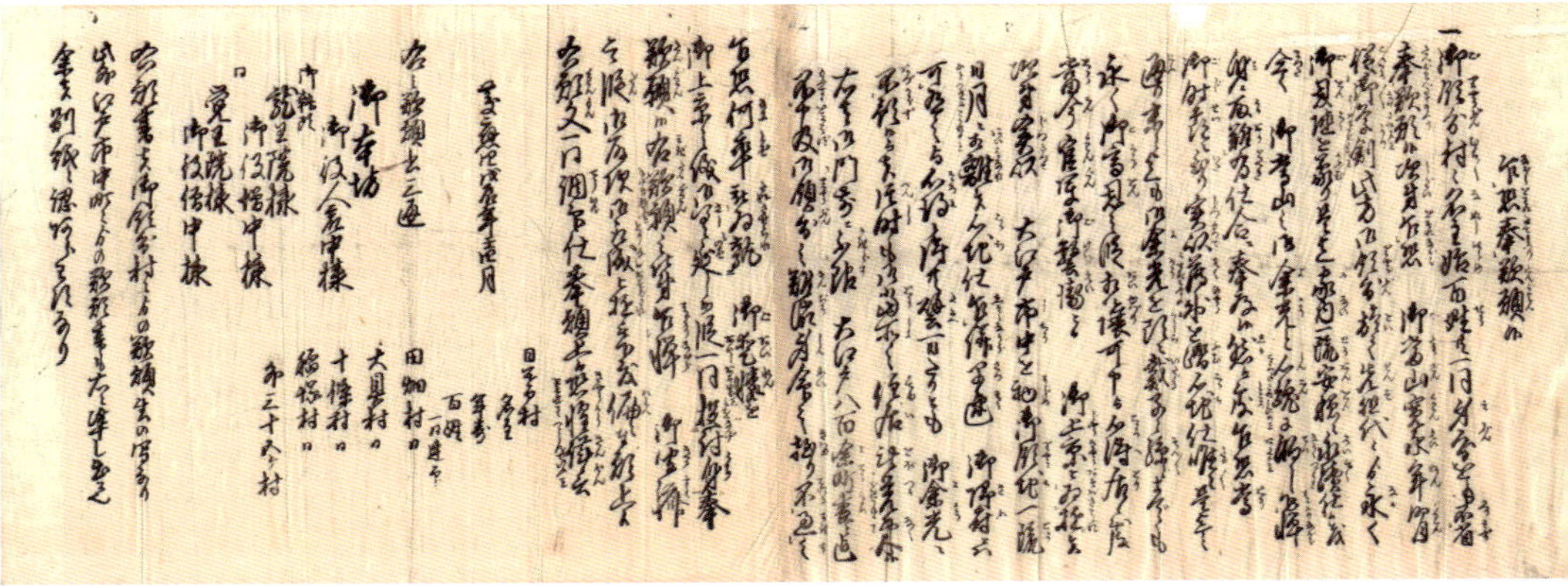

図6　寛永寺領農民の輪王寺宮上京延引歎願書、木板横2枚続。宛先のあとに、「此外江戸市中町々よりの歎願書も右に準じ出す也」とある、著者蔵。

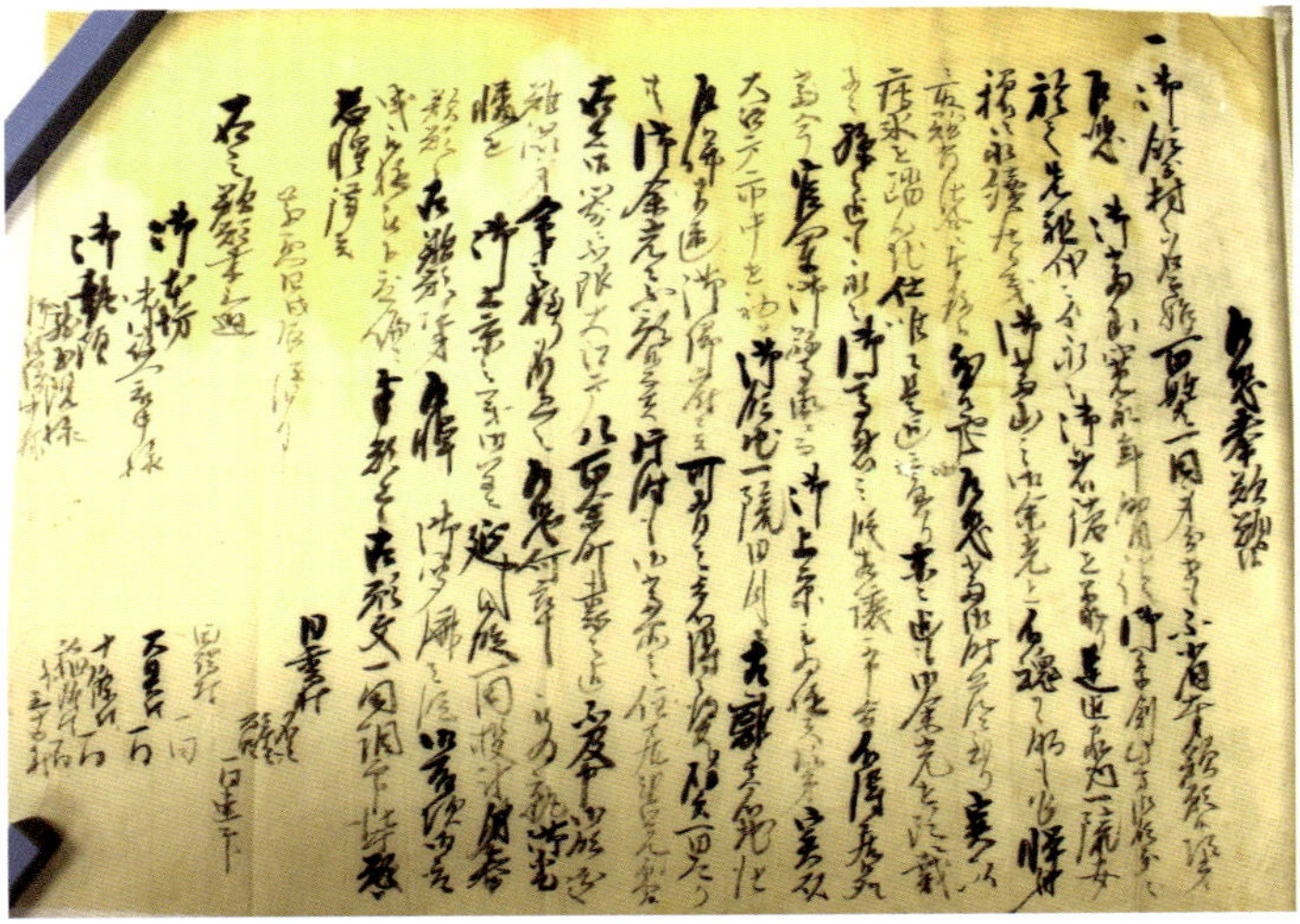

図7　歎願書写し。表題・本文・宛先・差出人とも、上図6と同じ。これにより、図6の木板摺り物が、実際の歎願書から採ったものと判る。板橋区立郷土資料館蔵、粕谷尹久子家文書。

それから7日後の閏4月18日朝、この輪王寺宮上京中止哀訴歎願行動に出た町の世話懸名主10名ほどが、寛永寺内の彰義隊に呼ばれます。出向いた世話懸名主らに、彰義隊記録方酒井才助《宰輔》と今井貞次郎《金井禎次郎》は、これは表だって頼めることではないがと断ったうえで、東叡山の外構《がいこう》・矢来《やらい》・張番所が破損しているので、修理のための出銀をお願いしたい、引き受けるかどうかは相談のうえで決めて欲しいと頼

図8「天正年中上杉謙信上落（洛）之折から諸民太平お願て親み賜お図」町人の服模様が、歎願町村名の謎絵になっている（拙著B・拙論F参照）。東京都立中央図書館特別文庫室蔵、東京誌料。

みます。四谷町が含まれる十五番組では金205両2分と銀12匁を出すと決め、四谷塩町1丁目では、金18両3朱と銀7分5厘を出します。彰義隊による東叡山外構修理依頼が、官軍から攻撃された際の防衛力強化であることを理解したうえでの協力です。

閏4月5日に江戸に入って以来、情勢把握に努めていた政府軍防事務局《ぐんぼうじむきょく》 権判事《ごんのはんじ》大村益次郎《おおむらますじろう》は、この外構修理の動きさえまだない閏4月10日過ぎ、朝廷への上申書目録に、「民心朝廷に離叛《りはん》之事」との一項を立てています。

そして運命の5月15日、大総督府が各道先鋒軍に命じ、上野寛永寺に籠もる彰義隊を掃討する目的で、江戸随一の名所上野に一斉砲撃を加えます。その結果、奥の徳川家霊廟は残りましたが、御本坊も、庶民の誇る根本中堂《こんぽんちゅうどう》・荷担《にない》堂《どう》・吉祥閣《きっしょうかく》（文殊楼《もんじゅろう》）もすべて焼失し、門前・下谷《したや》・谷中《やなか》など多数の町民が焼け出され、輪王

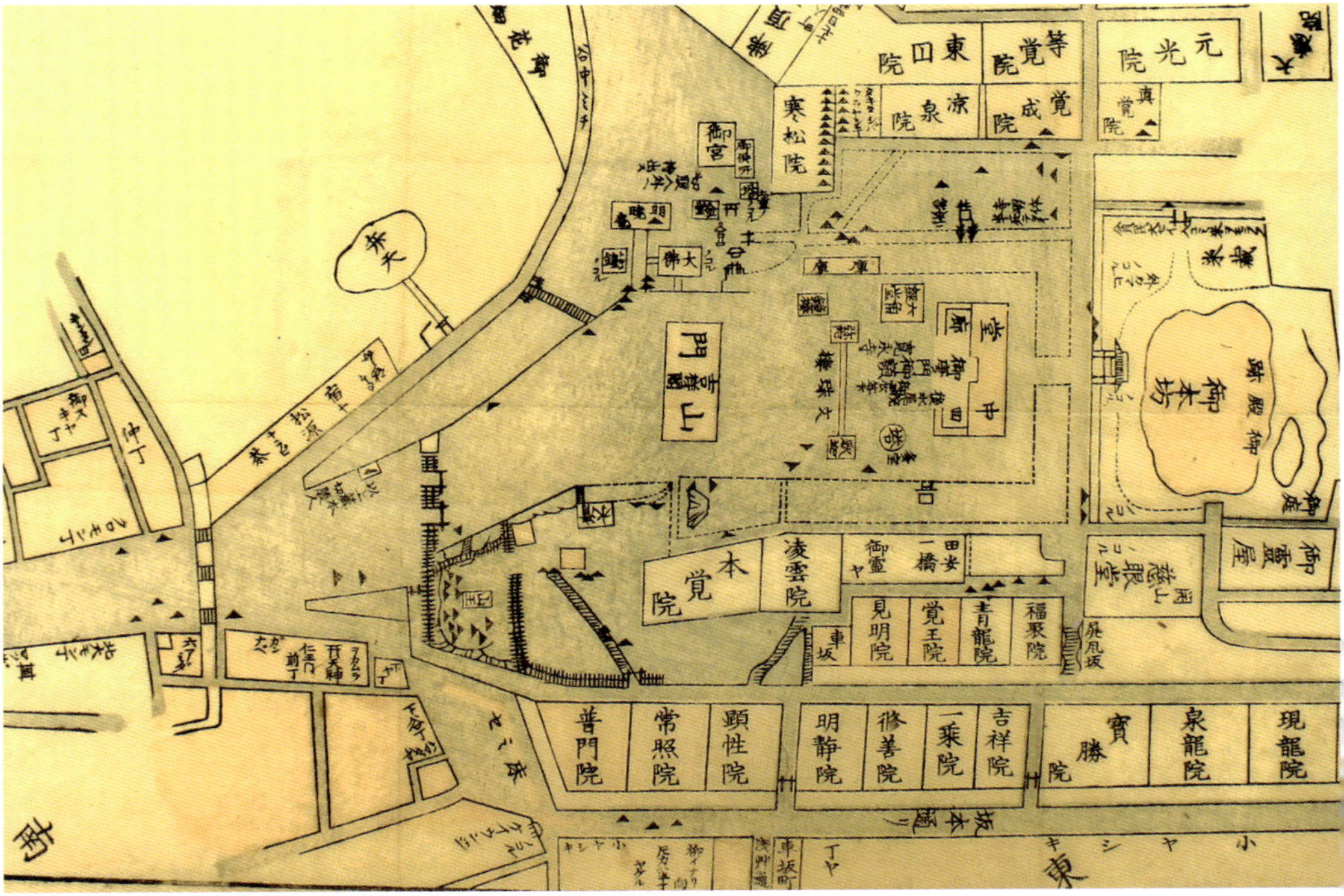

図9「東叡山焼失略図」(部分)、薄赤色が焼失部分。▲は彰義隊戦死者が斃れていた場所。▲一つが一人。東京都立中央図書館特別文庫室蔵、東京誌料。

寺宮は供僧数人と三河島《みかわじま》村方面へと脱出します〔図9・図10〕。

5月19日、政府は、それまでなお江戸の支配を担っていた旧幕府機構の寺社・町・勘定の三奉行を廃し、それぞれ寺社・市政・民政各裁判所とし、この三つを新たに設けた鎮台《ちんだい》の下に置きます。鎮台には東征大総督である有栖川宮《ありすがわのみや》熾仁《たるひと》親王自身が就き、町奉行所から代わった市政裁判所にも数名の新政府役人が入ります。しかし、関東各地での旧幕府脱走兵との激

図10 明治7年永島芳虎(孟斎)「東台大戦争図」大判9枚続9図部分、脱出する輪王寺宮が画かれている。著者蔵。

しい戦闘に加え、東北の地で奥羽列藩同盟との戦闘が始まった情勢下では、官軍の兵力をそれ以上江戸支配に割くことは不可能となります。またそれ以前に、諸藩の城下町とは根本的に規模と構造の違う江戸を支配するには、旧町奉行所の支配方式を踏まえなければ統治できませんでした。そのため、市政裁判所に入った僅かな新政府役人の下で、実際の町人統治にあたったのは、引き続き旧町奉行所役人、与力・同心たちだったのです。さらにその下で、錦絵の板下に改印《あらためいん》を押すような町人の絵双紙《えぞうし》掛名主たちまでも、従来の実務をそのまま引き継ぎます。

この構造のもとで、板元・絵師たちは、官軍入城前から板行してきた謎解きの諷刺錦絵を、上野戦争後に一層強くなった府民の反政府感情を背に、緊迫感をもって板行し続けることになるのです。

6月に入り、鎮台下の江戸支配機構となった市政裁判所は、『中外新聞』『内外新報』などの市民派新聞に政府への批判的見解が含まれていることを「危険」と見て、6月5日、14種もの新聞を一斉に発禁処分にし、板木と摺溜もすべて没収します。

しかし、それ以後もなお、官軍批判の謎解き諷刺錦絵だけは板行され続けます。江戸市民なら読み解けた、服の模様に込められた暗号の意味に、江戸支配機構の上部だけを握っていた政府役人らは気づかなかったのです〔図11・図12〕（拙著B・16頁コラム1、参照）。

7月17日には、政府は京都で、天皇の詔書の形をとって江戸を東京と改め、公家の烏丸光徳《からすまみつのり》が東京府知事に任じられます。しかし、江戸を東京と改称したことに対する江戸市民の反発を恐れ、この改称を江戸で市民へ公式に周知したのは、8月8日から10日にかけてのことでした。そのような時期の8月4日、京都では、東京への行幸の日取りを定められないまま、「不遠《とおからず》」「御出輦《ごしゅつれん》」とだけ決めます。

上　図11「子供遊端午の気生」歌川芳藤、慶応4年閏4月作。薩摩と長州の間に、金魚などを符号にした天皇が画かれ、薩摩に命令されている。江戸城に見立てた屋敷では天璋院と田安亀之助が迎える。国立国会図書館蔵。

下　図12「当世長っ尻な客しん」3代広重、慶応4年8月作。江戸城に見立てた料亭に有栖川宮と薩・長・土が居座り、徳川慶頼が仕方なく調子を合わせ、和宮・天璋院が追い出しにかかり、外から仙台・会津・米沢・慶喜・庄内が入ってくる。国立歴史民俗博物館蔵。

閏4月24日に関東監察使として江戸に入って以来、江戸情勢を見てきた関八州鎮将三条実美《さんじょうさねとみ》は、8月14日、京都の岩倉具視《いわくらともみ》に書翰を出し、東京府民は「未《いま》だ十分王化《おうか》に服していない黎民《れいみん》（人民）」であり「恩典を施さなければ決して帰服することがない」と危機意識を表明します。同じ頃、鎮将府判事江藤新平《えとうしんぺい》は、東幸の即時実施を求める長文の奏上書で、「駿州より東の十三州は開闢《かいびゃく》以来鳳輦が来たことがない」との史伝を語ったうえで、江戸市民は「外面上では承順しているが内面では実に疑惑を致す次第」と、政府に対して面従腹背だとするなど、在東京の政府役人は、いずれも天皇東幸を実現させ、「朝威」を見せたうえで、天皇による恩恵を施さなければ統治できない、としていました。

ところが、4月以来江戸湾に滞留していた旧幕府海軍榎本武揚《えのもとたけあき》が、「8月19日に軍艦4隻を率い、江戸湾から戦場へ向かった」との情報が京都に届くと、8月下旬から9月初頭にかけて東幸延期論が強まります。大久保一蔵《おおくぼいちぞう》（利通《としみち》）が説得のために上京しますが、在京中の9月23日付け蓑田伝兵衛《みのだでんべえ》宛て書翰で、「数千年皇化之及ばざる上、徳川氏覇府を開き朝廷在るを知らしめず殆ど三百年、況んや風土人質《じんしつ》固陋頑愚《ころうがんぐ》なるをや」と、朝威の及んでいない状況を嘆き、「御親臨《ごしんりん》より外に平治の方算、御座有るまじく候」と説くのです（以上、拙論A参照）。

以上から、在東京の政府高官たちは、江戸市民の根強い反政府感情は「朝威」に触れる機会さえなかったためで、今こそ「朝威」を知らしめ、恩恵を施さなければならないと考えていたことが判ります。

ですが、一般市民の感情・行動に反政府的な傾向が濃厚な下で東幸を迎えるには、市民による歓迎態勢を創出しなければならず、警戒態勢も整えなければなりません。しかも、反政府的感情が町人世界のことだけならまだしも、旧幕府「脱走」兵が4月以降、関東各地で官軍諸藩兵と激戦を交えていました。彼らは今どこにいるのでしょうか？　敗走させたにせよ殲滅はしていません。敗残兵のすべてが奥羽戦線へ北上したのでしょうか？　一部が密かに江戸・東京に戻って潜伏していたとしても不思議はありません。

②8月下旬、府下近村に「脱走屯集」し潜伏！

実は、8月25日という日、府下のごく近村に「脱走屯集」があったのです。この事件は拙論Gで詳しく紹介しましたので、ここでは略記にとどめ、拙論発表後に把握した事実を加えておきます。

東京大学史料編纂所に「四ツ葉村諸留」と総称する原本１２０冊の冊子があり、その第48冊「松月院脱走方屯集ニ付諸入用人足賃割合帳」の日付が「慶応四辰年八月廿五日」とあります。四ツ葉村は武蔵国豊島郡四ツ葉村（板橋区四葉1～2丁目、徳丸4丁目・8丁目、高島平3～4丁目・8丁目、赤塚1丁目）で、東叡山《とうえいざん》寛永寺《かんえいじ》領の農村です。松月院は四ツ葉村北西に接する曹洞宗の大寺です（板橋区赤塚8丁目）。

8月25日に府下近隣寺院に旧幕脱走兵が屯集！　これだけでも驚愕ですが、脱走兵は約１００名もいました。しかし松月院に入ったのは「寺入り謹慎」が目的でした。ただ、「寺入り」を政府側（鎮将府もしくは武蔵知県事）に伝えなければ「謹慎」は認められません。入寺後、脱走兵は直ちに四ツ葉村の村民に連絡します。四ツ葉村は、先に記した輪王寺宮上京延期歎願を展開した村の一つで、強い東叡山領意識のある村です。驚いた四ツ葉村では、村内重立ちの面々が入れ替わり立ち替わり松月院に入り、脱走兵から相談を受けます。村民側は、今、役人に知らせれば厳しい詮議を受け、指導者が割り出され、彼らの命は保証できない、脱走兵全員の命を守るには解兵を済ませ、１００人それぞれを安全に潜伏させる以外に道は無いと判断したのでしょう。27日朝までに解兵を済ませ、脱走兵を各地に潜伏させます。

脱走兵の松月院屯集を摑んだ武蔵知県事の下役が板橋宿まで駆けつけ、27日深夜に四ツ葉村名主を呼び出し、事態を問い糾したのですが、もはや後の祭りでした。国立公文書館所蔵文書「東征総督記」『御使番日記』第2冊でも、8月26日に「板橋辺賊徒屯集」の情報を摑んだ鎮将府が、深夜12時、薩摩藩兵300人・尾張藩兵100人に徳島藩兵と常陸志筑《しづく》藩兵を加え、緊急出動を命じたものの、結局、28日には、「賊退散之由ニ而引取候事」とあるだけで、捕らえられなかったことになっています。

ところが、鎮将府の命を受けた尾張藩の、本隊とは別の草莽隊「磅礴隊《ほうはくたい》」が、松月院から解兵を済ませて出てきた脱走兵3人を「生捕」った模様です。史料は当時の史料ではなく、数年後にまとめて政府に報告した文書二つの写しで、日付と場所が不正確なように思えるのですが、「生捕」した3人を、それぞれ「幕臣」「旗本」としてその名を記し、各俸禄米高をも記しているので、捕らえたことは確実なようです。

この事件が起こる2日前の8月23日、月日未定のまま東幸が初めて市民に触れ出されていたのですが、この脱走屯集を受け、9月には、「今もって脱走屯集等いたし」としたうえで、見つけ次第「夫卒に至る迄、すべて厳科に処せらるべし」との「沙汰」が高札場に張り出されます。潜伏先に入る前に磅礴隊に捕まえられた3人の旗本・幕臣はすでに処刑されてしまったのでしょうか。史料はまだ見つけていません。

③歓迎と警戒の態勢づくり

このような情勢の下で天皇を迎えるには、府民による「歓迎」態勢を創出し、府内・近隣に住民の支持を得て潜伏する元「脱走」による万一の事態に対する警備態勢も整えなければなりません。

まず、「歓迎」をどう創出するか。9月中旬、東京府は品川以北呉服橋までの全通行街路の「町々名主共」に対し、「町名主は麻裃《あさかみしも》で、家主は羽織袴《はおりばかま》で迎えに出なさい」と命じ、さらに「当日、御通り筋を通行禁止にはしないので、御行列に差し掛かった時は、男女とも土間で平伏しなさい」と命じます。通り筋の詳細は後述しますが、品川以北の東幸街路町々だけでも、麻裃の町名主に、羽織袴の家主が加われば相当な数です。そこに行列に差し掛かった者すべての「土間平伏」が加わるのです。

　では、警戒態勢づくりのほうはどうでしょうか。東京府からの同じ町触中に、通行街路の横町にあたる町で、「〆切場所」や「見通しが長い所」、また「締まりが良くない所」などは検分し、「竹矢来」「竹木戸」などをしっかりと作っておくように、と拝礼人に紛れた「不穏分子」対策ともとれることを「町名主共」に命じています。ですが、町触を見る限りでは、兵員を動員しての警戒態勢は見えてきません。町人に触れるような事柄ではないからです。そこで、東京都公文書館で、政府役人と東京府役人との間の遣り取り文書の山を一点一点見ていったところ、通行街路の一部分についてですが、非常にリアルな史料がありました。写し文書ですが、達書冒頭文の周囲に政府役人が「達」を確認したことを表す署名と朱印・黒印が捺印され、10月10日に正式な達となったことが確認できます。確認者のトップは「中将」すなわち東《ひがし》久世《くぜ》通禧《みちとみ》（議政局議定、当時東京在勤）です。貴重な記録ですので史料を提示します（振り仮名、読点は著者）。

御着輦御当日従京橋新橋迄辻固兵隊、田安藩兵隊百人、勝田兵隊三拾人、宇和島兵隊弐拾五人、
同日荻野二郎右兵隊、小休所、
一、新両替町壱丁目東側え壱ヶ所、勝田兵隊三拾人程、西側え壱ヶ所、田安兵隊四拾人程、
一、尾張町元地壱丁目東側え壱ヶ所、宇和島兵隊三拾人計《ばかり》、
一、竹川町出雲町之内え東西之内何れにても弐ヶ所、
　田安兵隊五拾人計、荻野二郎五人計、馬一匹、

この文書に続き、警備兵の配置が図示されています〔図13〕。

東幸経路の一部で上がほぼ北、新橋から出雲町・竹川町・尾張町元地から新両替町1丁目へと北上し京橋へと続く町人街で、江戸切絵図「京橋南築地鉄炮洲絵図」の西側部分にあたります〔図14〕。図面の各辻ごとに朱書きで「田五人」「勝五人」「伊（宇和島伊達家）五人」「田十人」などと書き込まれています。

この通行経路の僅か1km強にある辻のすべてに、小辻なら片側から5人、大辻なら片側から10人を配置しています。その合計が文書の田安100人、勝田30人、宇和島25人、計155人に合致します。この先、京橋から北上し日本橋高札場脇を左折して呉服橋へと至る本格的町人街1・4km強には、大辻が12、小辻が10あり、仮に此処と同様の配置と考えれば大辻で240人、小辻で100人、2街区計で495人にもなります。大木戸から呉服橋門で入城するまでの府内全経路、道なり約6・3kmの内、残る約3・9kmでは街区によって警備に粗密はあるでしょうが、少なめに見積もっ

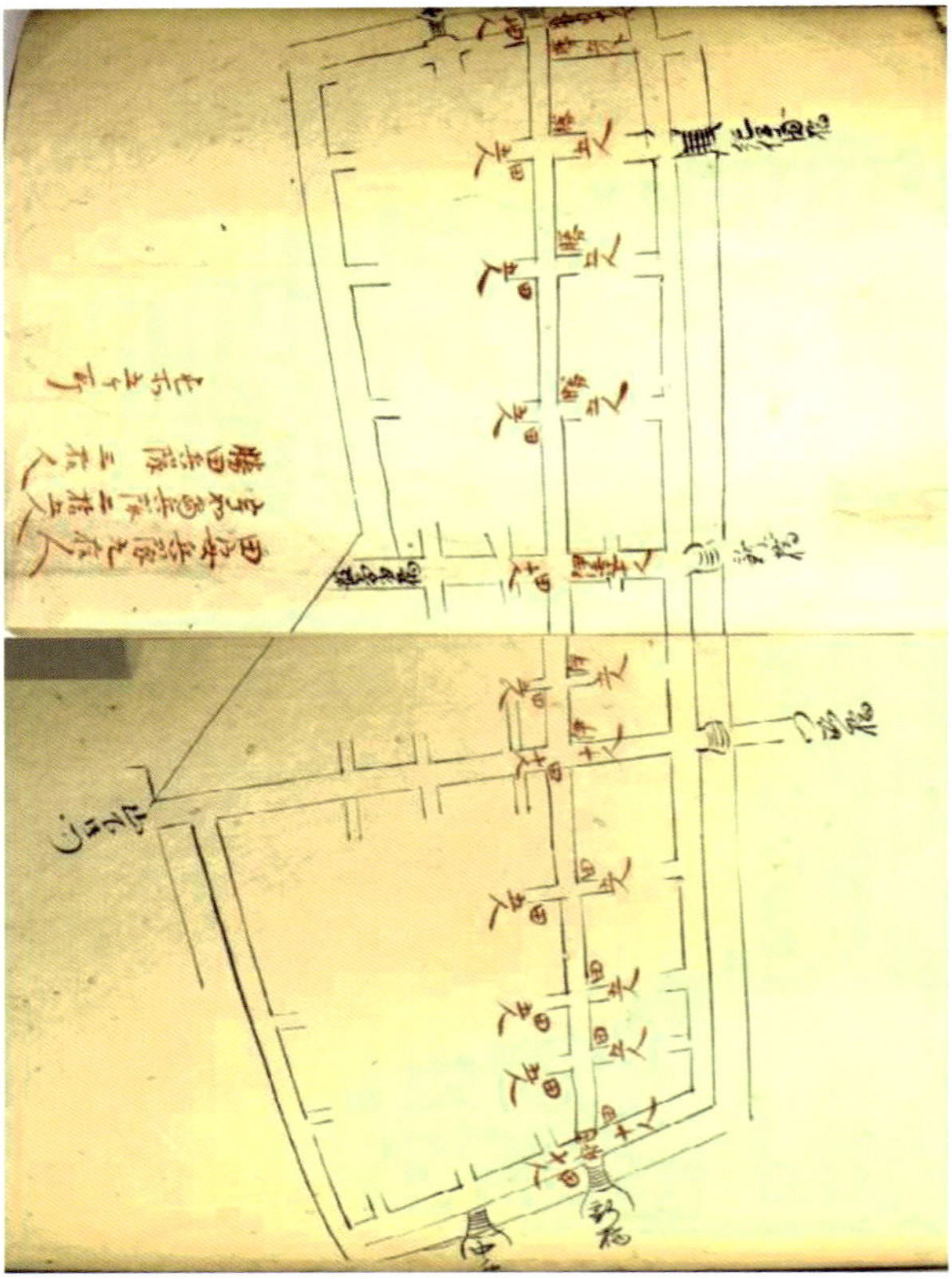

図13「辻固め兵隊配備図」、『達掛合留』乾「関門の部」三十四番。東京都公文書館所蔵文書。

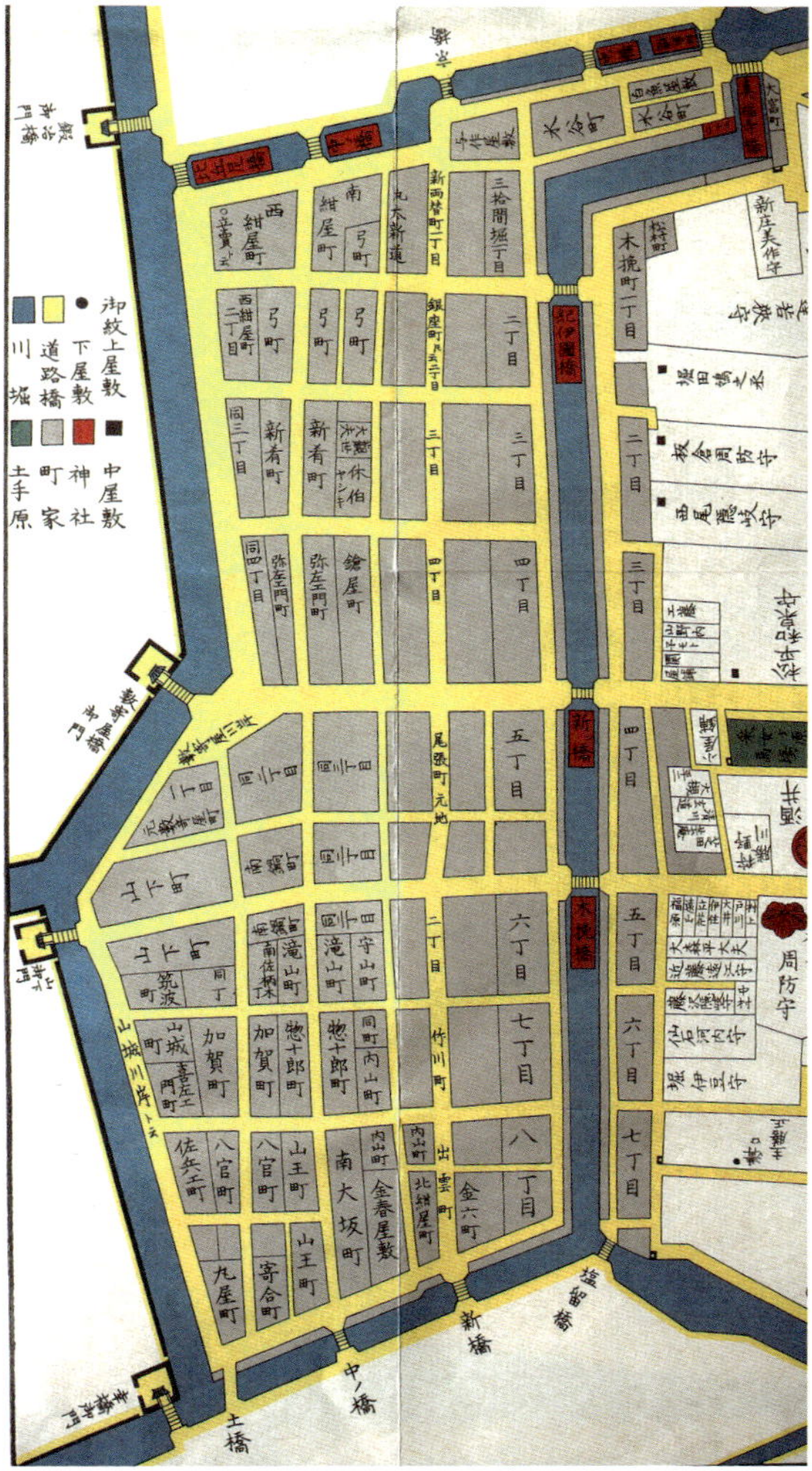

図14 複製版「京橋南築地鉄炮洲絵図」（西側部分）。

ても全警備兵は計700人を超えるでしょうし、この街区と同じと考えると計1000人を超えてしまいます。厳戒態勢を布いたと言えるでしょう。

以上、歓迎態勢を創出し、厳戒態勢を布いたことを踏まえたうえで、「東幸行列図」を画像解析していくことになりますが、そのための基礎事項を次に確認しておきます。

三「東幸行列図」解析のための基礎事項

①通行路の把握

個々の「東幸行列図」を解析するには、まず第一に行列通行路を正確に把握しておく必要があります。

『明治天皇紀』第一から通行路を摘記すると次のようになります（○数字は図15・図16の矢印番号）。

最後の行在所《あんざいしょ》（行幸時の仮御所）①品川宿を板輿《いたごし》で進発→久留米藩主有馬頼咸《ありまよりしげ》の高輪邸で御小憩→②高輪大木戸→増上寺《ぞうじょうじ》で御小休→鳳輦《ほうれん》に乗御《じょうぎょ》し発輿《はつよ》→③新橋→④京橋→⑤日本橋→⑥呉服橋門→⑦和田倉門→⑧西城大手門→西城着御《ちゃくぎょ》。しかし、この道筋は当初の予定を大きく修正したものです。

『府治類纂』中の、鎮将府弁事発東京府判事宛て9月18日文書には次のような「達」があります。

図15　東幸経路、品川宿から江戸城西丸大手御門まで。赤が実施経路。

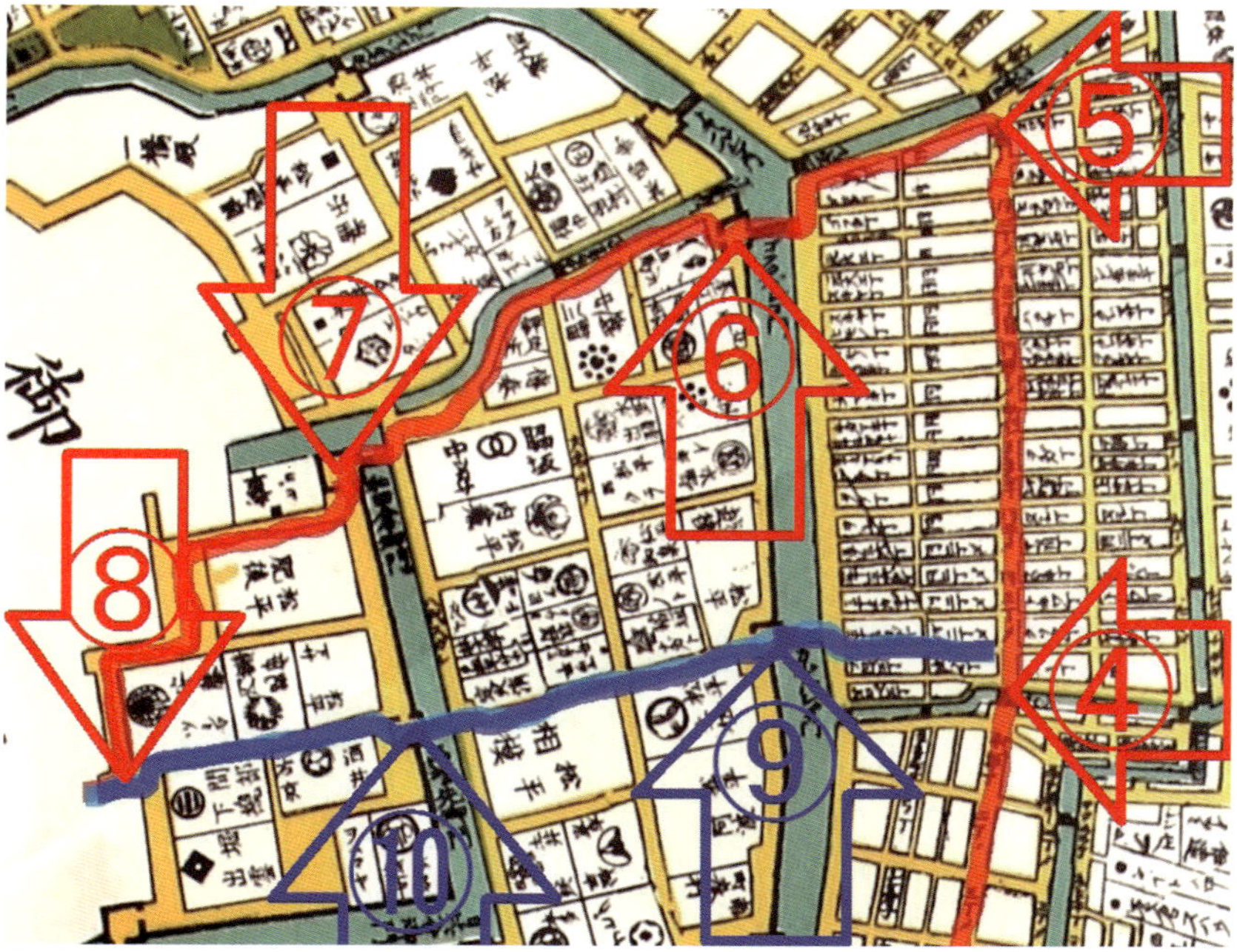

図16 青線が取りやめた経路。赤線が修正後の実施経路。左街区の西丸下と中央街区の大名小路は大名屋敷街、右街区に町人街が広がる。

「品川宿より大通、新橋京橋南伝馬町三丁目、左え畳町五郎兵衛町、鍛冶橋御門、馬場先御門、西城大手御門、右之通御治定相成候条、為御心得、御達申入候也」。この通達文書に対し、「付札」が附され、経路が修正されます。修正した経路が『明治天皇紀』第一の文面に一致します。そこで、「万延江戸図」の街路上に当初案の経路（青）と実施された東幸経路（赤）を載せ、変更経路を確認します〔図15・図16〕。

取りやめた道筋は、④京橋から南伝馬町3丁目に入って少し進み、左へ曲がって五郎兵衛町から、⑨鍛冶橋御門を渡り大名小路へ入り、⑩馬場先御門から西丸下を通り⑧西城大手に至る道筋でした。新たな道筋は、④京橋からまっすぐ北上し、⑤日本橋の高札場手前で左折、蔵屋敷（地図上では省かれている）を右に見て左折してから右手の、⑥呉服橋御門を渡り、⑦和田倉御門へ入り大下馬通りを進み、⑧西城大手門へ至る道筋です。変更前のほうが遥かに短く、わざわざ大きく回り込む道に変えています。なぜあえて、回り道に変更したのでしょうか。理由は街区を見れば一目瞭然。天皇東幸の第一目的が「朝威」なるものを感ずる機会さえなかった府内民衆に「朝威」を見せつけることにある以上、できる限り多くの町人に、鳳輦《ほうれん》を直接拝させなければならないのです。特に、京橋から日本橋高札場手前まで北上する街路は、江戸の中で最も富裕な商人たちが店を構えている街路です。ここを東幸通路に入れたのです。

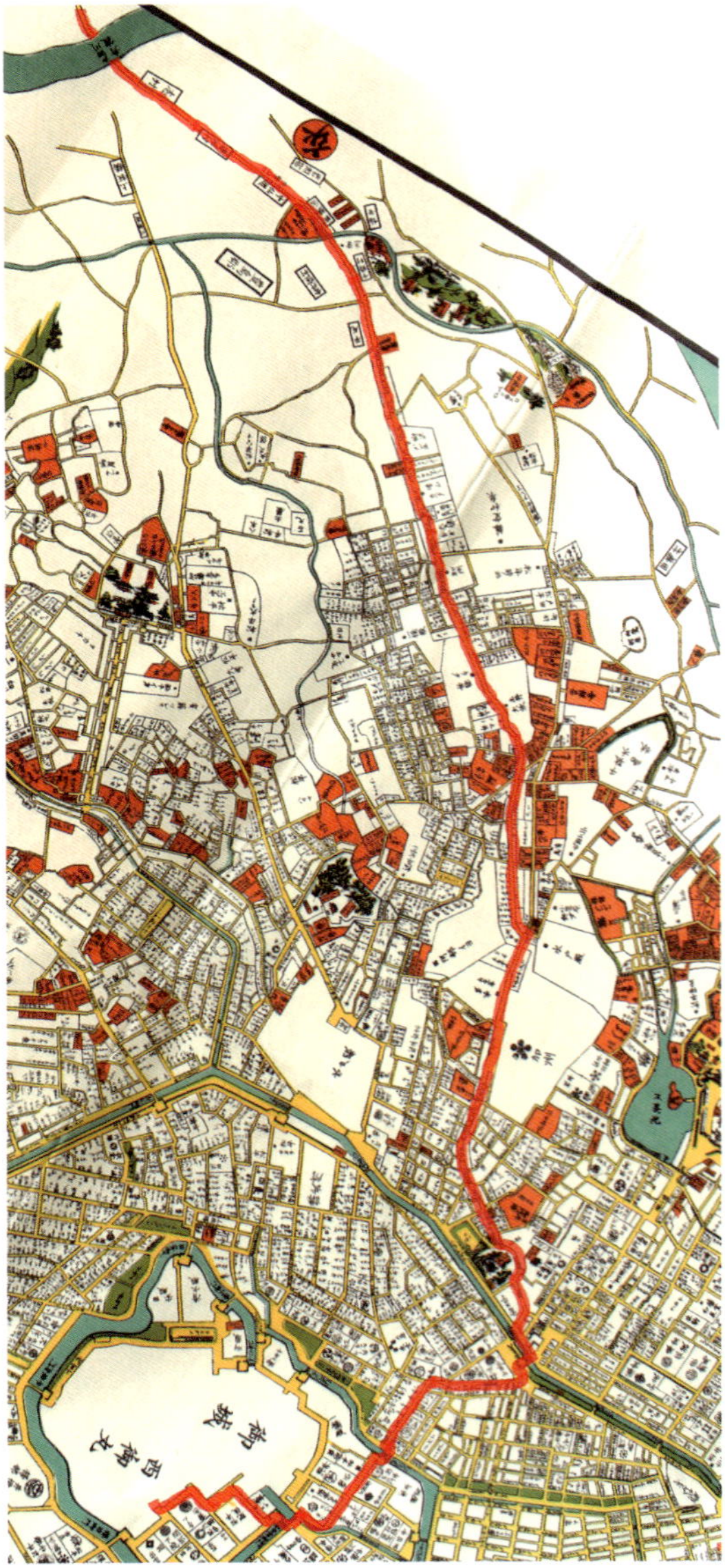

図17　氷川神社行幸経路、戸田川までの中山道。西城大手→神田橋御門→湯島→本郷通→巣鴨→板橋→志村→戸田。

さて、東幸行列図を通行路について検証するにしても、東幸道筋だけでは不十分です。着御後、氷川《ひかわ》神社へ1回、浜御殿へ2回、計3回行幸しています。その行列を画いた錦絵があったとしても不思議はないですし、鳳輦での行幸であれば画像は入場行列と紛らわしいです。そこで、その通行道筋も確認します。まず氷川神社への行幸ですが、これは予定に変更はないので、『明治天皇紀』第一が典拠とした、数種の史料に記された道筋から、戸田までの経路を「万延江戸図」上に示しておきます〔図17〕。

氷川神社へ向かうにはこの道筋が自然ですが、ここは政府にとってかなり緊張度の高い道筋です。と言うのも、4月初めに名主90余人が連名で両勅使へ歎願書を出し、閏4月初頭には輪王寺宮《りんのうじのみや》上京中止歎願行動が起き、8月下旬には「脱走屯集」事件があったことを先述しましたが、この三事件とも、この地域周辺が深く関わっていたからです。そのため、氷川行幸の行列には、先頭に騎乗の浦和県知事を配置し、帯刀兵と前衛銃剣隊一大隊500人前後が続いたあとに、巡察属2名・小巡察・巡察各2名にそれぞれ付属の兵、その後ろに騎乗の公家と帯刀兵が続く物々しい警備となります（埼玉県立文書館所蔵文書、および東京都公文書館所蔵文書より統合）。氷川行幸行列全体は東幸行列よりも遥かに小規模ですので、この前衛部隊の膨らみによって、東幸入城行列よりもかなり厳めしい印象を与える行列となります。『明治天皇紀』第一は、この光景を、ただ「其の他扈従《こしょう》数百人に及び、鹵簿《ろぼ》（行幸の行列）荘厳を極む」とだけ記します。

さて、残る浜御殿行幸の道筋は、次の通りです。

「浜御殿　行幸御道筋、西丸大手より馬場先御門、大名小路元因州屋敷表門前通り、数寄屋橋御門、尾張四丁通り木挽町五丁め、橋右え木挽町裏通り、左へ元奥平屋敷前通り、浜御殿」、この道筋も「万延江戸図」上に赤で記します〔図18〕。浜御殿行幸に対する警備史料は見つかっていませんが、旧幕府から引き継

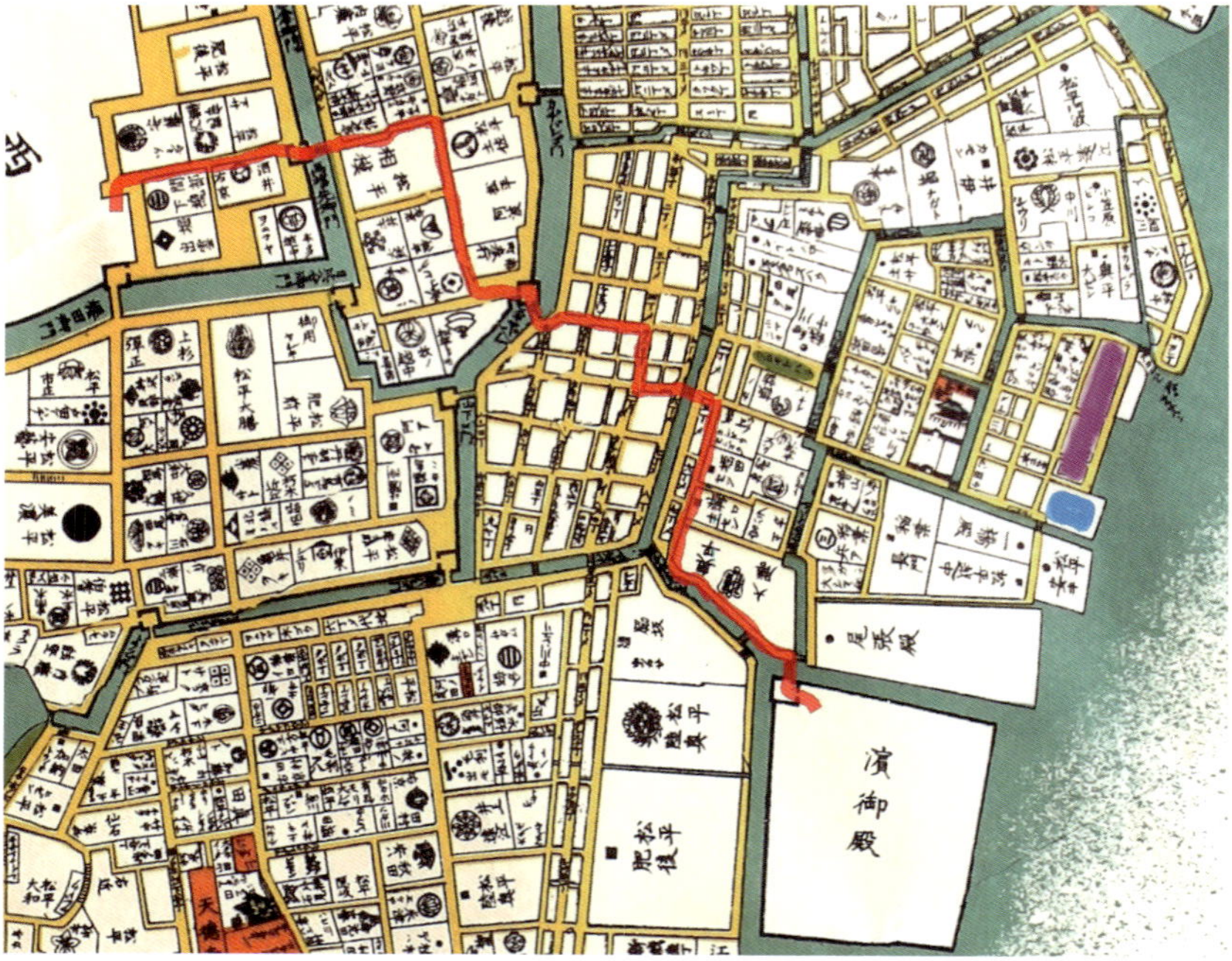

図18 浜御殿行幸経路、青彩色は築地ホテル館、紫彩色は外国人居留地。

いだ東京開市が、11月19日に鉄炮洲《てっぽうず》で開かれることになり、外国人商人向けの築地ホテル館（図中青彩色）と外国人居留地（図中紫彩色）周辺の警備兵が、行幸時に配置されています。以上により、東幸入府・氷川行幸・浜御殿行幸の三種の道筋がすべて確定されました。

②行列立と観察記録

行列の様子を画いた錦絵を解析するには、実際の行列編制がどんな様態だったのかについて、文字史料から見ておく必要があります。幕政時代、将軍や諸大名が夥しい従者を従えて街道を行進する特権的な通行行列が数多くありましたが、その行列をきちんと組むために、「行列立《ぎょうれつだて》」と称される文書があらかじめ作成されます。歴史研究にとっては、どんな行列を論ずるにも欠かせない、大切な史料です。第一回東幸の「行列立」は、書物問屋の須原屋茂兵衛《すはらやもへえ》と地本《じほん》問屋の和泉屋市兵衛《いずみやいちべえ》が組んで、木板本『御東幸御供奉御行列附』を刊行します。表紙に「明治元年戊辰九月廿日」と脇書があり、巻頭に「九月廿日御出輦　御東幸ニ付御行列之次第」とあることで、京都発輦時の行列立て情報を得た両板元が、着御に先立って東京で刊行したものと思われます。ですが、完全にこのまま府内に入ってきたとは思えません。特に、行列立では政府高官たちの多くが歩行となっていますが、長旅の最終旅程時には騎乗となる高官も多いと推定されます。ただ、鳳輦の前に御羽車《おはぐるま》（葱華輦《そうかれん》）が二つ先行していたこと、鳳輦の後ろに御板輿が一つ後行していたことは変わらないはずです。

発輦時の総人数が2350人とあることも、それほどは変わらないはずです。ただ仮に、写実に徹底して画くことを意図した絵師が現場に出向き、「行列立」を参考として見ていたとしても、行進中の全員を正確に素描したうえで錦絵にすることは不可能です。東幸行列図を錦絵として出す以上、天皇が乗輿する鳳輦と、内侍所《ないしどころ》を運ぶ御羽車を入れることが多くの場合メインとなるはずで、《行列全体を忠実に再現する》ということは、錦絵としてはあり得ない発想です。したがって、鳳輦と御羽車（葱華輦）をどう画いているかが、東幸行列図を見るうえでの、まずは一つの重要ポイントになります。

次に、実際に第一回東幸を見た者が記した文字記録があれば、それも行列図を解析するうえでの大きな補助史料になります。東幸に供奉《ぐぶ》していた政府高官らの記録ならば、活字史料も、また原・写本史料も数多くありますが、彼らは自身が行列の一部に入っていたため、どれも行列図解析の補助史料としては意外と活用できません。やはり、見ていた江戸府内生活者の記録が大事です。明治元年10月・11月の府内生活者の記録史料の内、活字史料では斎藤月岑《さいとうげっしん》の日記、書役徳兵衛の日録、また、能楽師梅若実《うめわかみのる》の日記があります。原・写本も今まで数種蒐集しています。また、当時滞在していた外国人の記録も重要です。アーネ

図19「肉筆行列図」伝歌川芳盛筆、絹本着色一幅、本紙画像部。葱華輦が無いなど不思議な部分が多い。品川区立品川歴史館蔵。

ストト・サトウとリッカービイの記録です。特にリッカービイが編集長として関わったジャパンタイムズに載せた英文報告はかなりの量です。

　これらについては、随時活用していきます。

　また、当時の肉筆画があればこれも参考になります。品川区立品川歴史館が所蔵している軸物で、布地に彩色で画いた肉筆画があり、その箱書きに「芳盛」とあって、当時のものとされていますが、現物を子細に見ると「不思議」に思える場面が多く、本書では参考画像としてのみ提示しておきます〔図19〕。

　イギリス人画家ワーグマンは、行列は見ていたのですが、行列図は今のところ見つかっていません。

3 鳳輦・葱華輦

　画像解析のうえで、鳳輦《ほうれん》・葱華輦《そうかれん》がどう画かれているかが重要ポイントの一つであれば、その精密な画像を確認する必要があります。宮内庁書陵部図書寮文庫に「御鳳輦絵図（御鳳輦絵図・葱華輦絵図・御腰輿絵図）」三巻があり、この中の「御鳳輦絵図」一巻と「葱華輦絵図」一巻

上　図20「鳳輦」全長5.2m余りの轅《ながえ》が2本、頂部に鳳凰を付ける台座があり、屋根は漆黒で丸みを帯び、縁は反っている。宮内庁書陵部図書寮文庫蔵。

下右　図21「鳳凰」全体が金銅毛彫《こんどうけぼり》で顔面は赤に彩色。口から瓔珞《ようらく》が下がっている。頭から尾までと両羽の張り渡しがともに約73cm、高さは約67cm。同蔵。

下左　図22「葱華輦」頂部に葱花（葱坊主）の飾りを付けた輿で、屋根は鳳輦と異なり、全体的に反っている。同蔵。

が綺麗な基本図となります。

鳳輦〔図20〕の端には揺れ防止の綱を結ぶ輪が付けられ、御簾《みす》は鳳輦進行方向（図右方向）に向かって前と左右にあり、中に入る天皇からは御簾越しに前方と左右が見えるものの、下がっている限り、外から中の様子をはっきりと見ることはできません。御簾にかかる帷《とばり》の色は青紫色です。後ろは黒の板戸で綴じられています。

鳳輦頂部の鳳凰〔図21〕は、頭から尾の先までと羽根の左右差し渡しが共に約73㎝で、高さは台座から63㎝余りです。

葱華輦〔図22〕は、書陵部図書寮文庫所蔵の「内侍所御羽車新調修復一件書上」などによれば、「内侍《ない し》所《どころ》」を運ぶ場合には、旧に倣って「御羽車《おはぐるま》」と称するのが本旨のようです。ただし、別の葱華輦に天皇が乗輿する場合もあり（大坂行幸の発輿の際）、また実際の乗り心地としては、鳳輦や葱華輦よりも、通常の駕籠形状のほうが良いようで、その駕籠は「御板輿《いたごし》」と称し、この第一回東幸の際にも、道中の大半、天皇は「御板輿」に乗輿しています。

なお、「内侍所」は京都御所において、天皇と同じ場所にあってはならないというのが原則で、東幸中も、実質上「神器」を意味する「内侍所」が、休泊の際に、「行在所《あんざいしょ》」とは別の場所に奉安《ほうあん》されていることが『明治天皇紀』一から確認できますので、東幸中でもそれは厳守されています。ただし、「御小休」の際の「内侍所」奉安場所については、『明治天皇紀』一には記事がありません。

以上、「東幸行列図」解析のための基礎事項を確認しましたので、以下、個々の作品解析を、各節ごと、通行街路順におこなっていきます。

第二章

「東幸行列図」から見えてきた事実

東海道五拾三次之内
大井川舩渡之圖
應需 一望齋國綱画

図23 表Ａ№1「東海道五拾三次之内大井川船渡之図」、大判3枚続、改印・板元印無し、絵師一曜斎国輝、板元は静岡近辺の絵草紙屋か、浅倉哲家蔵。

一　想像図からは何が見えるか

「東海道五拾三次之内大井川船渡之図」〔図23〕。これには改印・板元印が無く、今のところ確認できる限り唯一、江戸以外の板元が出した東幸行列図です。絵師は江戸の一曜斎国輝《いちようさいくにてる》（2代歌川国輝、天保元年〔1830〕～明治7年〔1874〕）です。3枚続以上の続錦絵は右から1図・2図・3図と称しますが（以下、続錦絵では右から1図・2図・3図とします）、この1図右下の「一曜斎国輝」の上に「応好」、下に「画」とあります〔図24〕。

図24　図23の1図部分拡大、「応好一曜斎国輝画」。

これは、国輝が板元の特定した場所と主題に応えて画いたことを意味します。この江戸から離れた地で業を営む板元が国輝に指定した大井川。この場所は、「東海道大井川風景之図」〔図4〕（22頁）が、将軍家茂《いえもち》の上洛を主題とした「頼朝公大井川行列図」〔図5〕（22頁）を模倣しただけであるため、「東幸行列図」からは除外した、あの大井川と同じ場所です。しかし、渡る方法はまるで違っています。

「箱根八里は馬でも越すが、越すに越されぬ大井川」と俗謡にあるように、幕政時代、大井川は架橋されず、左岸（江戸側）の島田宿と右岸（京都側）の金谷宿《かなや》に、大勢の川越人足を抱えた川会所が設けられ、川会所の差配により、水量が多く危険な時は「川留め」とされ、「川留め」が解除されれば一般旅人は人足による肩車などで、参勤交代の大名・武士などは大勢の人足が担ぐ輿・駕籠・蓮台《れんだい》などで川を渡っていました。「東海道大井川風景之図」は、天皇も将軍と同じ方法で渡るとの前提で、「頼朝公大井川行列図」を模倣したわけです。ところが、この「東海道五拾三次之内大井川船渡之図」は、舟を並べて作った船橋の上を、東幸行列が渡っています。

実際、東幸時には大井川に船橋が架けられたのです。ならば、これは天皇が船橋を渡ってくる光景を見た情報に基づいた画でしょうか？　そうではないはずです。2図に牛車が大きく画かれています。行列で一際目立つはずの鳳輦《ほうれん》を見た情報が入っていないのです。船橋に牛車？　これはどういうわけでしょう。

実は、大井川に船橋が架けられたのは東幸が初めてではないのです。3月15日に江戸を総攻撃する予定で進軍してきた東征大総督有栖川宮熾仁《ありすがわのみやたるひと》親王率いる東征軍本隊が、2月末に金谷宿手前の掛川《かけがわ》まで進軍してきた時点で大井川が「川留め」となります。掛川滞留を余儀なくされた官軍指揮官らは、金谷宿役人に船橋での架橋を命じますが、幕府統制を遵守してきた会所役人はこれを頑なに拒みます。しかし、結局は厳しい叱責を受けて造らされ、有栖川宮をはじめ東征軍本隊は3月3日に船橋を渡ったのです。渡り終えると船橋はすぐに解体を命じられ、一般通行人は使えず、また以前と同様の川越制度に戻ります。

つまり、この「大井川船渡之図」は、有栖川宮大総督軍一行が船橋を渡ったことを知っている板元が、大総督一行が船橋で渡ったのであれば天皇一行も船橋で渡るに違いないとの考えを基に、この大井川に船橋を架け、駿東以東は天皇が入ったことが無いという「史伝」を踏まえた「歴史的瞬間」を設定し、国輝に依頼したものです。板元は、江戸の絵師情報をかなり詳しく把握している静岡近辺の板元でしょう。画像には菊章旗以外に錦旗も無く、公家装束の騎乗政府高官もいなければ鼓笛隊も前衛銃隊も画かれていません。改印制度の無い江戸外刊行物ではあっても、想像図であることに間違いありません。

東京
應好國輝画
應好國輝筆
彫長

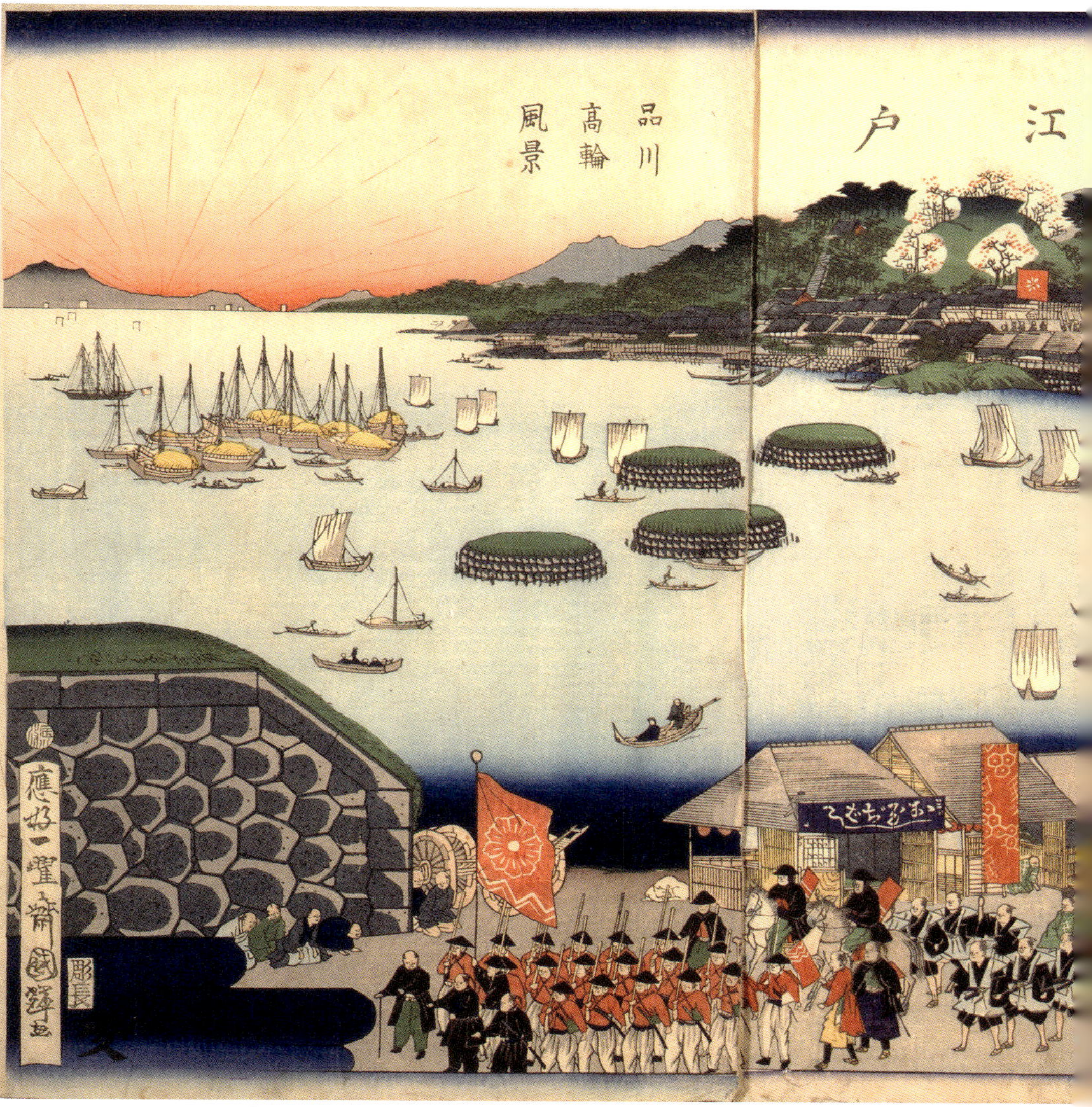

図25　表A№2「東京江戸品川高輪風景」、大判3枚続、「辰八改」、絵師一曜斎国輝、板元山本屋平吉、東京都江戸東京博物館蔵。

東京袖浦景

図26 表A№3「東京袖ケ浦景」、大判3枚続、「辰十改」、絵師国貞門人国政、板元金鱗堂尾張屋清七、品川区立品川歴史館蔵。

「東京江戸品川高輪風景」〔図25〕は8月改です。板元の山本屋平吉は日本橋堀江六軒町（中央区日本橋小舟町）の居住ですので、品川高輪は遠く離れています。その山本屋がここを指定したのは、東幸を大歓迎する視点から、行列が府内へ入ってくる瞬間を画像にしたい、と考えたためでしょう。

絵師はこれも国輝で「応好」です。この場所は名所絵が複数ありますので、依頼を受けた絵師としては、安直に考えれば構図は「拝借」で済みます。国輝は、構図は初代歌川広重《うたがわひろしげ》の「東都名所高輪全図」〔図27〕を「拝借」します。将軍家茂の上洛を主題とした五雲亭貞秀《ごうんていさだひで》の「東海道高輪風景」〔図28〕も参考にしています。その点だけを言えば、「東海道大井川風景之図」が家茂の上洛を主題とした「頼朝公大井川行列図」を模倣しただけ、ということと同じです。ただ、国輝がこの二つの構図を拝借した理由は、はっきりしています。どちらにも高輪石垣が大きく画かれているからです。板元が品川高輪と指定した以上、行列全体が品川宿を出て、先頭が江戸府内に入る高輪に差し掛かる場面を画こう、と国輝は考えたのです。

図27「東都名所高輪全図」、改印「極」、初代広重、国立国会図書館蔵。

図28「東海道高輪風景」、「戌十改」、五雲亭貞秀、東京都立中央図書館特別文庫室蔵、東京誌料。

国輝は、板元の歓迎精神を、この構図と定めたうえで、「江戸御府内近在の神々御出向有て御通行の道を守護警衛なし給ふ」と雲居に乗った神々が出迎え、通路を守護警衛する姿で表現しました〔図29〕。

神々が天皇を出迎え、守護警衛するといったこの発想には、王政復古を推進してきた勢力の内、今、政府神祇官内に結集している津和野神道家たちや、平田派国学を受容していた一部豪農商の熱い思いが反映しています。本来、王権の頂点そのものである天皇へ、臣下の武家である将軍から統治権を奪還するため、歴史上の天皇は記紀神話上の神々に連なっているのだというストーリーを、人々の中に浸透させることに傾注してきた、その熱い思いです。

図29　図25の1図部分拡大、雲居に乗った神々が天皇を出迎える。

図30　図25の2図部分拡大、後衛隊・桜の御殿山・品川神社。

板元山本屋平吉や絵師国輝と平田国学者らとの繋がりは、篤胤全集の「門人姓名録」「誓詞帳」や平田織瀬《おりせ》の「金銀入覚帳」を見ても、気吹舎《いぶきのや》への出入りさえ確認できませんが、実はこの錦絵に画かれた品川神社（「品川稲荷社」「品川天王社《てんのうしゃ》」〔16頁コラム1参照〕など相殿）の神主小泉帯刀《たてわき》が、安政2年（1855）以来の平田門人であり、こ

図31 図25の1図部分拡大、牛車に乗輿してくると想像。

の東幸にも供奉《ぐぶ》を願ったほどで、東京府内での神仏分離を積極的に推進していく人物でもあるのです。

神社の場所は2図奥に小さく画かれた後衛隊が通過したあたりに、8月の開板でありながら桜の名所ということで、開花を画き込んだ御殿山《ごてんやま》の南西斜面です〔図30〕。ただし、多数の品川神社文書からも、小泉と絵師たちとの繋がりまでは、まだ見えていません。

ところでこの想像図にも牛車が画かれています〔図31〕これは、文久元年（1861）10月に和宮《かずのみや》親子《ちかこ》内親王《ないしんのう》が家茂の正室として下向した際、牛車で江戸城に入ったため、天皇家の乗り物と認識してしまったものです。

東幸を大歓迎する板元と、喜んで同調した絵師でさえ、鳳輦《ほうれん》も葱華輦《そうかれん》もまだ知らなかったのです。それほどに、江戸・東京市民にとって、「朝威」なるものはほど遠いものだったのです。

続けて示した**「東京袖ケ浦景」**〔図26〕は図25とほぼ同じ場所で、この図の袖ケ浦の真ん中、「鳳輦」が画き込まれた海岸先の海中、品川宿より約1・4㎞も北にあたる場所に、現在のJR品川駅があります。

板元印「金鱗堂」は江戸切絵図で著名な尾張屋清七で、麴町6丁目（千代田区麴町4丁目）に店を構えています。絵師は「国貞門人国政筆」とあります。初代歌川国貞《くにさだ》門人で当時の3代歌川国政《くにまさ》（のち4代歌川豊《とよ》国《くに》、文政6年〔1823〕～明治13年〔1880〕）です。図は街道の湾曲を極端に画いています。改印は「辰十改」ですので、これだけでは着御《ちゃくぎょ》の前か後か判りませんが、鳳輦なのに車輪が付き、牛2頭が牽いていますので、着御前の想像図であることは明瞭です。江戸の書物問屋須原屋茂兵衛《すはらやもへえ》と地本《じほん》問屋和泉屋市兵衛《いずみやいちべえ》が9月20日の京都発輦《はつれん》情報を得て刊行した「行列立《ぎょうれつだて》」を見て、そこに「鳳輦」とあるのを、鳳凰の付いた輿ということまでは理解できても、まだ来ていないので、やはり牛車にしてしまったものです。

袖ケ浦から正面はほぼ真東ですので、太陽暦11月26日であるその日、日の出前に品川宿を進発すれば、ほぼこの図の通り、正面からやや南の品川宿寄り水平線から太陽が昇ることになります（埋め立てで海岸線が遥かに遠のき、江戸湾奥が著しく狭くなった現在でも、JR品川駅からほぼ真東の埋め立て地、海に面した若洲公園で、東京湾と千葉の陸の向こうから日の出が見えますので、当時であれば、日の出の際、上総・下総の陸線はほとんど邪魔にならないようです――「東京江戸品川高輪風景」〔図25〕にも、品川宿に近い水平線と房総の陸あたりから太陽が昇りかけているのが画かれています、日の出の光景としては、むしろ図25のほうが事実に近いかもしれません）。

品川進発は「卯の半刻」「辰の上刻」と史料によって異なるのですが、「卯の半刻」であれば日の出の少し前ですので、日の出の光景は事実に近い想像と言えます（当日晴天）。ただ実際には、天皇はこの袖ケ浦を正面に臨む久留米藩有馬《ありま》頼咸《よりしげ》の下屋敷で小憩し、「品海の景を叡覧《えいらん》」していますので、昇る朝日を見たとしたら有馬邸からでしょう。なお、品川宿の後方に富士が画かれていますが、これは全くの方角違いで、あり得ません。名所図には富士を入れたいということで、無理矢理入れたものです。

東京風景図
應好一曜齋國輝筆
彫長
大金
應好
國輝画
彫長
大金

図32　表A№4「東京風景図」、大判3枚続、「辰八改」、絵師一曜斎国輝、板元大黒屋金之助、埼玉県立歴史と民俗の博物館蔵。

東京日本橋勝景

図33 表Ａ№5「東京日本橋勝景」、大判3枚続、「辰九改」、絵師3代広重、板元丸屋鉄次郎、明治神宮蔵。

天照皇太神

図34　表Ａ№6無題「東京桜田門之図」、大判3枚続、「辰八改」、絵師魁斎芳年、板元大貞、宮内庁書陵部宮内公文書館蔵。

「東京風景図」〔図32〕の板元印は「ツキジ大金」、築地小田原町2丁目（中央区築地6丁目）に住む大黒屋金之助です。「応好一曜斎国輝筆」とありますので、これも国輝が板元の求めに応じたものです。《東京府内で》という板元の要請に応えるにしてもまだ8月、府内経路も入城門も判りません。そこで街路全体を目出度そうな幔幕《まんまく》で覆い、2図から3図へと進む先頭も雲居で隠し、とにかく天皇が東京に来るというだけの「東京風景図」としたのです。ただ、右に張り出た大きな櫓門《やぐらもん》を画いたので、呉服橋門は想定外だったようです。同じ国輝が「東京江戸品川高輪風景」では牛車を画いたのに、鳳輦《ほうれん》に直したのは「東京江戸……」の誤りに気づき、同じ8月の末近くに板下を作成したものでしょう。ただし、屋根に巨大な菊花を画き込みました。

この想像図の最大の特徴は、御簾《みす》を前・横とも少し上げて天皇の姿を半分見せたことです。でも拝礼人は画いていません。「見たい」という願望からというよりは、絵巻物などに多く画かれた御簾の半分上がった天皇図を参考にしたのでしょう。拝礼人だけでなく前衛も無く、警衛は弓箭帯刀人《きゅうせんたいとうにん》だけです。天皇東幸が緊張のもと、朝威を見せつけるために断行されるといったことは、国輝の思考には無かったのです。

「東京日本橋勝景」〔図33〕の改印は読み取りにくいですが、Andreas Marks の辞典から9月としました。板元は日本橋通2丁目（中央区日本橋2丁目）の丸屋鉄次郎です。「応需広重筆」とありますので、板元丸鉄が3代広重（天保13年〔1842〕～明治27年〔1894〕、別称歌重）に依頼したものと判ります（「応需」は「応好」と同義ですが、ニュアンス的にはやや強く、背景に市民の需要もあることを意識しての語と考えられます）。3代広重は、日本橋にごく近い行列通行路に面した所に住む丸鉄の要望を受け、橋を渡る場面にしました。

日本橋は江戸町人自慢の名所なので、師匠の初代広重だけでも20点前後画いています。その中で一番近

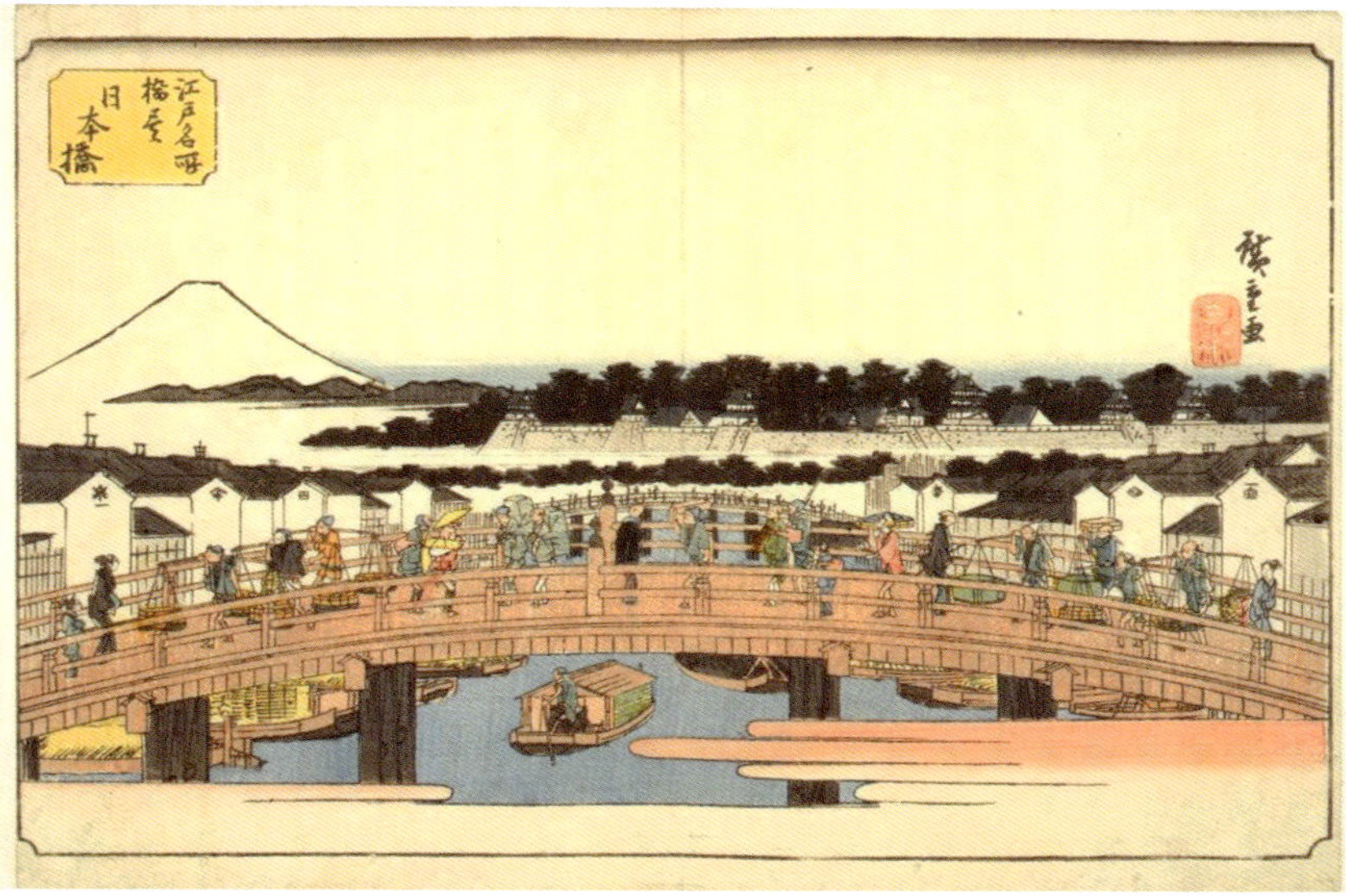

図35　初代歌川広重「江戸名所橋尽　日本橋」、国立国会図書館蔵。

いのが「江戸名所橋尽　日本橋」でしょう〔図35〕。ですが、3代広重は安直には模倣していません。文久・元治・慶応という最幕末期に頭角を現してきた若き広重は、初代広重のような情緒性豊かな芸術作品を作成するのとは異なり、社会的・政治的事象に積極的に関わり、半年前の戊辰戦争諷刺錦絵大流行時には12点もの作品に名を出しました（〔図12〕31頁参照）。諷刺錦絵という主張性のある主題に挑戦するうえで、3代広重は具体性・写実性を重視した画を制作してきました。そのような広重としては、場所設定は「名所図」と同じでも、板元の要望を基本に据えた「東幸行列」を画くことを考えます。しかし、9月は着御前です。報道性・写実性を重んずる広重にしても、まだ見ていない以上、想像で画くしかありません。

鳳輦は、形は確かに鳳輦ですが、車を画き、牛の背には綺麗な飾り布を被せ、角も見せ、立派な牛車にしましたし、屋根には龍の図柄も入れました。「写実」の精神を想像の世界で発揮したのです。そして、前面の御簾を半分以上も上げ、沿道で座拝する府民からなら、天皇をほぼ見える姿に画きました。

ほんの数ヵ月前までは自らも加わって画き、大流行した諷刺錦絵の世界で「きんちゃん」と呼ばれ（16頁、コラム1参照）、諷刺の対象とさえされていた「禁裏様《きんりさま》」が、ついにこの江戸に来るという今、《本当はどんな姿なのか見てみたい》という市民の願望を背に、板元が3代広重に画かせたものでしょう（この図にも拝礼人は居ませんが、この場合は、橋上だけを画いたためでしょう）。日本橋が近い、通2丁目の板元丸屋鉄次郎は、東幸の情報に触れ、橋上から望める富士が絶景で、江戸を代表する日本橋のうえに鳳輦を載せてみたかったのでしょう。写実力のある3代広重に頼み、2図に富士を入れ、2図から1図にかけて蔵屋敷を並べ、3図端には南広場の高札場も入れ、精一杯の江戸自慢の図にして、そこに天皇が乗輿する鳳輦を載せてもらったのです。

なお、ここまでの想像図5点のどれにも、御羽車《おはぐるま》＝葱華輦《そうかれん》は画かれていません。「行列立」に御羽車とあるのを見たとしても、それが何を意味する物か、どんな物なのか、想像できなかったのです。

さて、想像図の最後に、行列が城門に入っていく場面を想像した、**無題画**〔図34〕を見ましょう。題は無いのですが、橋桁の一部を石垣にし、堀を内側に曲がるカーブに画いたことで、外桜田門と想定したと特定でき、東京大学史料編纂所が仮題を「東京桜田門之図」としたのは至当です。

板元印は「大貞」とありますが不詳です。「応需魁斎芳年画」とあるので、魁斎芳年《かいさいよしとし》（月岡《つきおか》〔大蘇《たいそ》〕芳年、天保10年〔１８３９〕〜明治25年〔１８９２〕）が板元の求めに応じて画いたものと判ります。

月岡芳年は、歌川国芳《くによし》門下の中でも師の画風を独自に受け止め、非常に個性的な作品を幕末期から世に放ってきた絵師で、戊辰戦争諷刺画流行中にも、一種独特の視点から謎めいた諷刺画を出しています。特

図36『魁題百撰相 』「駒木根八兵衛」、「辰八改」、国立国会図書館蔵。

図37『魁題百撰相』「佐久間大学」、「辰十改」、国立国会図書館蔵。

に『魁題百撰相《かいだいひゃくせんそう》』は異彩を放っていました。「魁題百撰相」とは「海内百戦争」、つまり日本史上の多くの内戦から多数の史伝上の人物を選び、その人物に戊辰戦争中の人物を重ね合わせた詞書と画像で、誰のことかを考えさせるというシリーズ物です〔図36・図37〕。その多くで、戦闘中の様子を強烈な描写で画いているのですが、その連作を7月から開始し続行している時期に、板元からこの「東幸行列図」の要請を受けたことになります、ここでは、諷刺視点はひとまず措き、行列を想像して画いています。

板元の注文は西丸への入城です。しかし8月ですので入城門が判りません。外桜田門を通って西城に入ることはあり得ます。大木戸から府内に入って金杉橋を渡り、宇田川町あたりから左に折れ、愛宕下大名小路を抜けて幸橋《さいわいばし》門か虎之門から大名屋敷を進めば外桜田門に至ります〔図38・図39〕。この場合、当初案よりもさらに

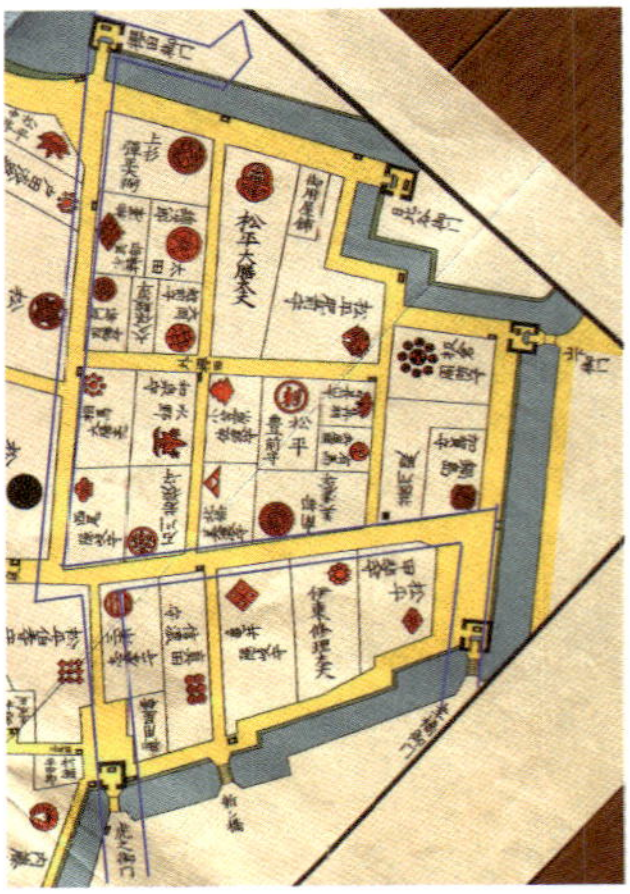

図39 外桜田門への想定路。

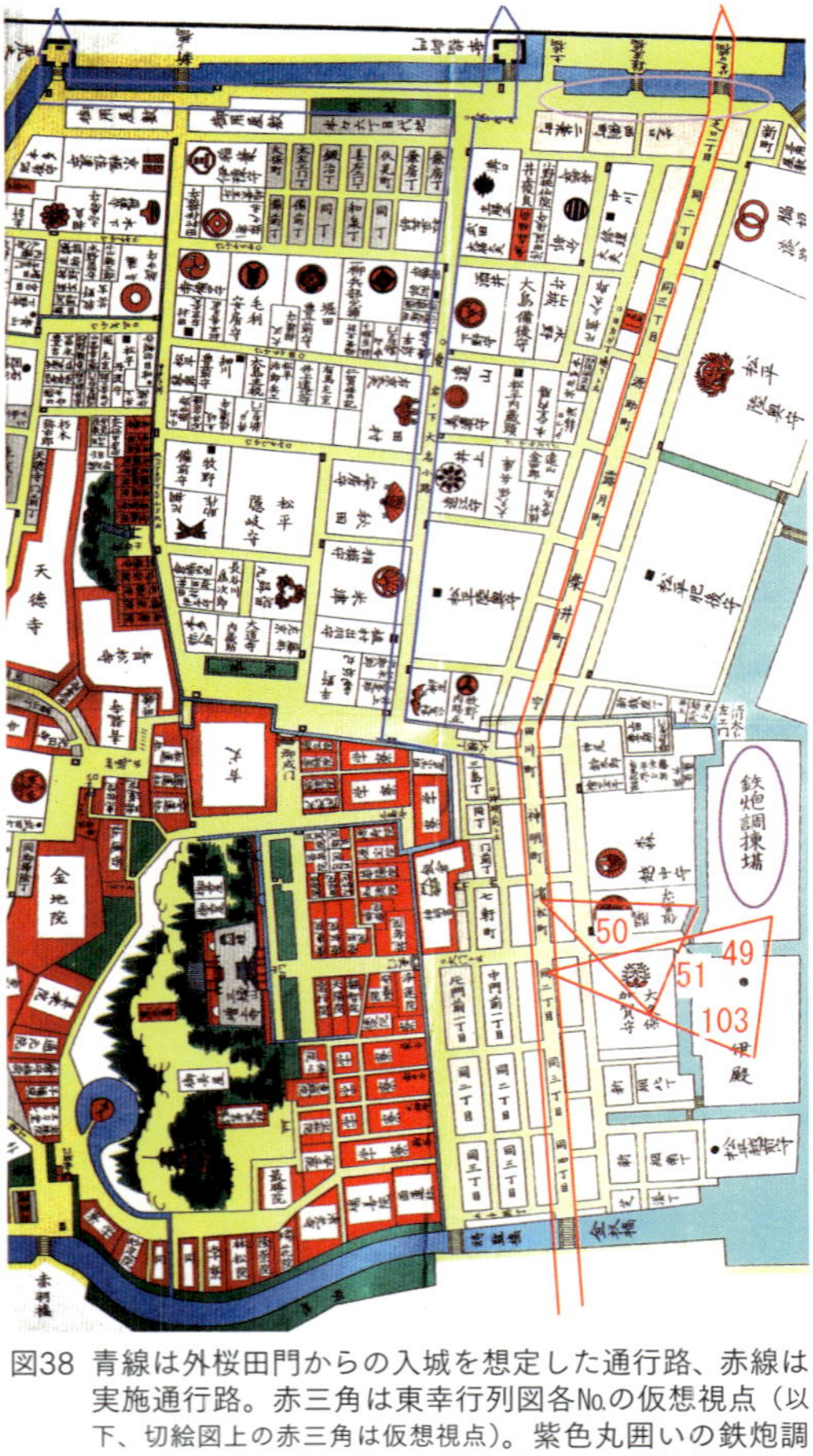

図38 青線は外桜田門からの入城を想定した通行路、赤線は実施通行路。赤三角は東幸行列図各№の仮想視点（以下、切絵図上の赤三角は仮想視点）。紫色丸囲いの鉄炮調練場は〔図52〕解析参照。桃色丸囲いの幸橋御門前から新橋に至る河《か》岸《し》は酒樽の荷揚場（第三章参照）。

町人街が少ないです。板元・絵師も、東幸に、できるだけ多くの町人に朝威を知らしめるといった意図が含まれていることなどは考えつかず、武家屋敷・大名屋敷街での最短距離をとると想定したのです。

さて、この想像図に画かれた鳳輦と他の想像図には無い葱華輦、すでに見覚えはありませんか？　そう、「本書のはじめに」で示した大坂行幸図「仁徳天皇難波都御所え御行幸之図」〔図3〕（9頁）の鳳輦と葱華輦にそっくりです。鳳輦屋根の膨らみと模様、六角形の葱華輦、完全に同じです〔図40〕。紺地に白の菊紋幔幕も天照大神旗も同じです。明らかに大坂の絵師初代長谷川《はせがわ》小信《このぶ》の錦絵を入手し、見て画いたのです。芳年は入城を想定した外桜田門については、石垣の橋桁と堀のカーブをきちんと画いたものの、肝心の行列はまだ見ていないため、相当横着して画いたのです。『魁題百撰相』で己の力量を最大限に発揮している芳年が、これから来るという東幸行列図の注文には、さっぱり熱が入らなかったのです。

以上6点の想像図の内、江戸の板元、山本屋平吉・尾張屋清七・大黒屋金之助・丸屋鉄次郎・大貞の全員が、確認できる限り、戊辰戦争諷刺錦絵の刊行には関わっていません。絵師、2代国輝（3点）・3代国政・3代広重・芳年の内、2代国輝・3代国政は、これも確認できる限り関わっていません。3代広重は反対に多数の諷刺錦絵に名を出していますが、多くは冷静な情勢分析に基づいた、落ち着いた諷刺を放っています。芳年は今述べた通りです。3代広重や芳年が板元から選ばれた理由は、作風こそ違え、どちらも写実性を重んじる点で共通していますので、想像するにしても、それなりのリアリティーが欲しいと判断した結果と考えられます。

ですが、個性の強すぎる芳年は、応じたものの、熱を入れることなく画いたようです。2代国輝・3代国政に依頼した板元、山本屋平吉・尾張屋清七・大黒屋金之助は、諷刺錦絵には参画しなかった絵師を意識して選択したと言ってよいでしょう。

図40　図3「仁徳天皇難波都御所え御行幸之図」の4図部分拡大、葱華輦と天照大神旗。

武州六郷船渡圖

図41　表A№.7「武州六郷船渡図」、大判3枚続、「辰十改」、絵師魁斎芳年、板元丸屋甚八、神奈川県立歴史博物館蔵。

東京高輪之勝景
泉岳寺

図42　表Ａ№8「東京高輪之勝景」、大判3枚続、「辰十改」、絵師3代広重、板元伊勢屋鎌吉、2図と3図の間に隙間が空いているのは、旧所蔵者による2図左脇と3図右脇の化粧裁ちが強すぎたため。著者蔵。

図43 表Ａ№9「東京名勝図会　高輪大木戸」、大判縦1枚、「辰十一改」、絵師3代広重、板元平野屋新蔵。東京都立中央図書館特別文庫室蔵、東京誌料。

二　情報の宝庫――着御後の東幸行列図

①府内行列図にそれぞれの思いを込めた絵師・板元たち

着御後に作成された東幸行列図の内、順路上最初に位置するのが、六郷川《ろくごうがわ》を渡る、**「武州六郷船渡図」**〔図41〕です。絵師は図34（65頁）と同じ芳年です。「応好」とか「応需」とかは特に記していませんが、風景画・名所図の体裁をとって時事性のある主題を刊行する錦絵の場合、場所指定は板元です。板元丸屋甚八が居住している芝三島町は芝神明宮に接する町ですので、東幸経路の神明町の街路は目と鼻の先です（〔図38〕参照）。しかし丸屋甚八は、そこから遥か離れた六郷川を選び、船橋を架けて行列が渡り、いよいよ府内へと向かう劇的な光景を画いてもらおうと、表現力の優れた芳年に依頼したのです。

「東海道五拾三次之内大井川船渡之図」〔図23〕（49頁）と同様、「船橋」のうえを行列全体が渡っていきます。六郷川を船橋で渡ったことは諸史料にありますので船橋渡御《とぎょ》は事実ですが、大きくカーブした船橋のうえを整然と渡御していく姿とし、全体を鳥瞰的に描いた構図は芳年の構想力によるものです。改印が10月のため、この構図だけでは着御後なのか判りませんが、8月に大坂行幸図を真似て想像図を画いた芳年が、今度は鳳輦《ほうれん》も屋根は漆黒とし、葱花輦《そうかれん》も四角に直し、前衛銃隊を画き鼓笛隊を置いたことなどから、芳年自身が見たかどうかはともかく、実見情報を得て画いたことは間違いありません。ただ、船橋の構造は事実とは違います。郵政博物館が管理する「明治天皇御東幸六郷川舟橋架設絵図」を分析された杉山正司さんによれば、橋となった船は計23艘で、その舳先《へさき》も艫《とも》も大きく見えているのですが、図では、舟数は35艘を超え、舳先も艫も見えていません。ただ、そのことは却って板元・絵師の強調点がどこにあるかを鮮明に語ってくれます。東幸行列が六郷川を渡って最後の行在所《あんざいしょ》品川宿へと向かい、明日はいよいよ府内へと入ってくる。その光景を強調するには、船橋を長くし、鼓笛隊・前衛・葱華輦・鳳輦、と主要な行列要素をすべて橋のうえに乗せることです。着御後の今、芳年も8月の「東幸絵に熱が入らない」状態からは脱したようです。

ならばなぜ、前衛銃隊や鳳輦を担ぐ従者などを無機質・無表情に画いたのでしょうか。同じ10月、芳年は『魁題百撰相』「佐久間大学」で、戦場の人間を生々しく画いています（図37参照）。しかしここでは、すべての人間をまるで人形のように画いたのです。同じ芳年が同じ月になぜ？　ここには、1000年以上も京都に居た天皇が、内戦の終息を得て今この東京に来るという事実が何を意味するのか、芳年なりに考えを巡らした結果が反映されているように思えます。というのも『魁題百撰相』は、古代から近世前期までの、1000年近い歴史上の内戦から人物を選んでは1作1枚で画いているものです。「史伝的」な知識とはいえ、相当の「歴史通」にして初めて構想し得る錦絵シリーズです。のちに「血みどろ絵の芳年」と言われるのは芳年の画風の一面を表しているに過ぎないにせよ、この時期は、その形容が似つかわしいほど、凄惨な戦場の現実を、目を背けたくなるほどのリアリズムをもって画いているのです。

悲惨な内戦にピリオドを打っての和平は、市井に暮らす一介の絵師として願えども、その和平が、まるで無機質・無思考の従順さを従えることで訪れるのだとすれば、果たして歓迎すべきことなのか。そんな思いが胸に去来しながら、芳年はこの板下を画いた、と言えばそれは深読みが過ぎるでしょうか。

次の**「東京高輪之勝景」**〔図42〕も、改は10月ですが内容から着御後と判ります。板元伊勢屋鎌吉が居る富槇町《とみまきちょう》（中央区八重洲2丁目）は図16（39頁）の東幸実施経路、町人街のど真ん中、中橋広小路町（中央区京橋

1丁目）に隣接する町です。鎌吉もまた間違いなく鳳輦通過を目の当たりにしたはずです。ですが鎌吉は、行列が最後の行在所品川宿を出て、いよいよこの先は江戸府内だという高輪に差し掛かる場面を選び、3代広重に作画を頼みます。

この場所は、すでに着御前の8月に国輝が図25（53頁）を、10月に入ってからは国政が図26（55頁）を、それぞれ想像で画いています。さらに、国輝が初代広重や五雲亭貞秀を参照したように、名所図としても先例は多いので、頼まれた3代広重としては、ここは腕の見せどころです。

「高輪」と指定された以上、想像図2点のように品川から高輪までを画くのではなく、高輪に焦点を定めてその近辺を詳細に画く。また、鳥瞰図的ではあっても静観的な風景画手法はとらず、行列がこちらに向かってくるように、動的な姿に東幸行列を画く。3代広重はそう定めて板元の期待に応えます。鼓笛隊と前衛兵が大木戸に正面から差し掛かる場面を画面2図右寄りに据え、錦旗日月旗・菊章旗・軍事参謀旗・葱花輦・鳳輦と続け、公家装束姿で騎乗する政府高官などを、後ろに弧を描くように画きました。

図44　図42の3図部分拡大。「御休殿」と「イナリ」。

3図上部、有馬邸の小山に「御休殿」との場所書きがあります〔図44〕。これは、『明治天皇紀』一に「久留米藩主有馬頼咸の高輪邸で御小憩」とあるように、御休殿が新規に造られたことを把握したからこその場所書きで、これにより、実見に基づく着御後の作と断定できます。また、この図では筆書きのようにも見える「新キ出来」は、現物だと「摺り」であることが判ります。「イナリ」は高山稲荷です。

3代広重が着御後に力を込めて制作したものですが、高輪近辺を詳細に画いた部分には謎がいくつもあります。日の丸旗の後ろに「イキリス館」とある建物は、1図雲居に「泉岳寺《せんがくじ》」の場所書きがあることで、東禅寺《とうぜんじ》を意味していることになります。しかし、当時イギリス館は東禅寺から泉岳寺に移っています。

ただ、板元・絵師らが知らなかったとしても、それは無理のないことです。文久2年（1862）5月の第二次東禅寺事件を受け、東禅寺イギリス公使館を廃止し、御殿山《ごてんやま》に新たな公使館を建設中、これも12月に高杉晋作らによって焼かれました。慶応元年閏5月2日（1865年6月24日）に着任した公使ハリー・パークスの要求もあり、攘夷激派の執拗な襲撃を避けるため、幕府は泉岳寺屋敷内に新公使館を移設したことを秘匿し、これを「高輪接遇所」と公称し、公使館としては伏せたままにしたのです。

ですから、知らなかったのはむしろ当然なのですが、そのための混乱が画像に表れています。東禅寺を意味するはずのところから、画面左方向に寄った2図上部、林に囲まれた赤色建物に「大ホトケ」との場所書きが見えるのです。高輪の地に「大ホトケ」であれば如来寺《にょらいじ》ですが、如来寺は泉岳寺の南に隣接していた寺院なのです。であれば、「イキリス館」は今は泉岳寺だと知っているように思えるのですが、泉岳寺は東禅寺イギリス館から離れているとの記憶が強いため、場所書きを「大ホトケ」とは離れたところに入れてしまったのです。秘匿のままだったため、板元・絵師ら、市民の間で情報が混乱しているのです。

また別の不思議があります。イギリス館とのみ記してある建物前の広場で、拱手《きょうしゅ》拝礼しているのは明らかに清国人と見えます。なぜ、ここに清国人の拝礼姿が画かれたのでしょうか。

東京都公文書館に東京府が神奈川県と交わした文書の写し、「神奈川往復書状留」とされる文書群があり、外国公使との交渉に関わる文書群も入っています。その「坤」十六番文書に次の文言が見られます。

「御東幸通　　御之節、御地外国人共拝礼ニ罷出度旨、必ス追々申立居候事被存候、右尋行進退振弁附添護衛之者着服其他心得方、如何御治定相成候哉、委細致承知度存候」（2字空きは原本の「平出」）。

これは、神奈川県知事だった寺島陶蔵《てらしまとうぞう》（宗則《むねのり》）に対し、東京府外国官の水野千波《みずのちなみ》らが、外国人から幾度か出されている東幸行列拝礼の願いについて、あれはどうなったのか、と回答を迫っている文言です。

この問い合わせに対し、翌10月2日、「礼拝所」を設けること、その場所に出張する外国人護衛を兼ねた東京府役人の着服は「戎服《じゅうふく》」（洋装の兵服）としたが考え直し、「熨斗目麻裃《のしめあさかみしも》」とする、戎服着用は同心と通詞に限ることにした、との返答を、寺島が水野と同役の中井弘蔵《なかいこうぞう》・山口範蔵《やまぐちはんぞう》宛てに下しています。

問い合わせの発端となった「外国人共拝礼ニ罷出度旨」に符合する記述を、イギリス公使館通訳アーネスト・サトウが『一外交官の見た明治維新』下で、太陽暦11月22日（陰暦10月9日）の項に記しています。「天皇《ミカド》の鹵簿《ろぼ》を見るため、観覧席を泉岳寺前の公使館の門前に設けてほしい」と「長官（公使パークス）」が願っていた手紙に対し、サトウは「日本の礼法からすれば、そのような場合に観覧席を設けることなどできない」と返事を出します。しかし寺島はすでに2日、イギリス人の要望に対して、「観覧席」ではなく「礼拝所」を用意することを東京府外国官員に指示していたことになります。実際、サトーは「以前ハリー・パークス卿の官邸に用いられ、今では外務省みたいな役所になっている屋敷の、[a]新しい門の前に最近出来た広場[b]に立ちながら鹵簿を眺めた」と記しています。原文は以下の通りです。

図45　図42の2図部分拡大、イギリス公使館前で拱手拝礼する清国人。

Mitford, the artist, Rickerby and I saw the procession from the open space recently created in front of the new gate of what had previously been Sir Harry Parkes, dipromatic residence, now transformed into a sort of foreign office.

つまり、傍線部aは泉岳寺のイギリス公使館、傍線部bの新しい広場はその前、つまり泉岳寺から下り出てきたあたりで、そこでサトウらが東幸行列を立って眺めていたことが確定されます。

拝礼人のところを拡大してみましょう〔図45〕。前列は明らかに清国人ですし、後列もほとんど拱手拝礼しているようです（113頁コラム2参照）。

開国以来、「横浜絵」をたくさん手がけてきた絵師たちは、イギリス人の姿も、イギリス人が雇った清国人の姿も知っていますので、絵師が両者を混同することはあり得ません。考えられるのは、イギリス人が雇っていた清国人が、彼らと共に拝礼に出ていたことです。でも、なぜイギリス人を画かずに、清国人のみを画いたのでしょうか。それは、イギリス人は「立って眺めていた」だけだったからです。ミットフォードも画家（ワーグマン）もリッカービイも、そしてサトウも、鹵簿を立って見ていたのです。観覧席を頼んだパークスに対し、拝礼場所を設けるとした寺島が、東幸を外国人が出迎えるのなら警備役も戎服でなく、裃姿で迎える形で警固すべきと修正指示していたのですが、その裃姿で拝礼警備する日本人を多数画いた以上、隣でサトウらが立って眺めていた姿は相応しくなく、清国人の拱手拝礼姿こそが相応しいと判断したのです。3代広重はこの点を意識的にデフォルメし、拱手拝礼の清国人を多数並べ、鳳輦拝礼場面として強調したのです。

さて、まだ一つ、イギリス館と記された建物前に「日の丸」が、大げさな国旗掲揚台のうえに翻っていることについての検証が残っています。東京都公文書館所蔵文書の『理事彙集乙部 諸綴込 外務掛』とある簿冊中に、この国旗掲揚図の棹とそっくりな「御国旗旗棹」の設計図面がありました〔図46〕。文書の日付は辰8月9日、東京府外国官の山口範蔵・水野千波・杉浦武三郎らが、船大工が提出した旗棹絵図面を模写し、これに決定することを政府外国事務局に報告した文書です。棹の高さは地上部約18m、これを鉄綱4本で高所から引っ張り、支える形となっていま

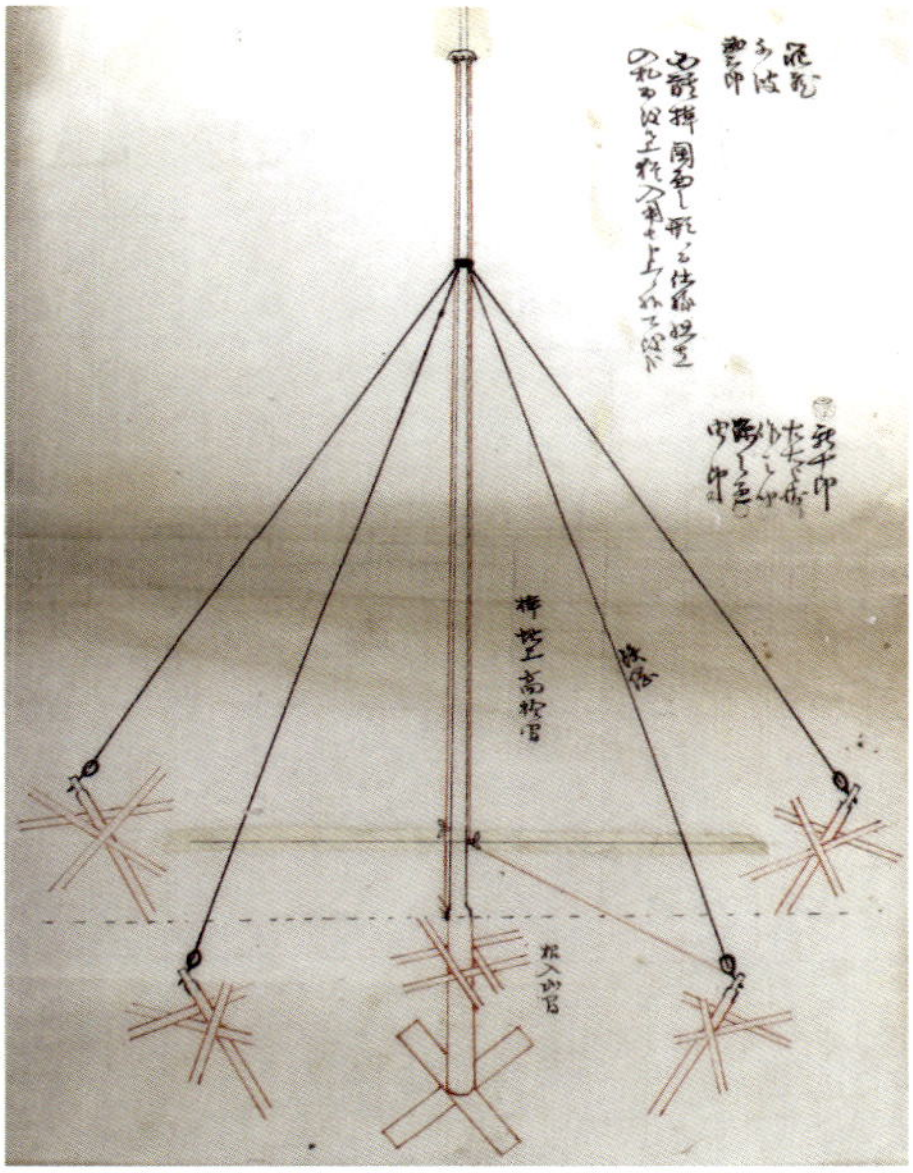

図46「御国旗旗棹絵図面」『理事彙集乙部 諸綴込外務掛』。東京都公文書館所蔵文書。

図47　3代広重「東京名勝図会　高輪英吉利館」、「辰十一改」、板元平野屋新蔵、東京都立中央図書館特別文庫室蔵、東京誌料。

図48　図42の2図部分拡大、イギリス館前。

す。高さといい鉄綱4本といい、そっくりです。ただ、この旗棹を建てた場所は高輪接遇所ではなく、鉄炮洲の外国居留地です（第一章三①42頁参照）。すでに横浜居留地にも立っています。《同趣旨で高輪接遇所に立てたとしても不思議はないな》と考えていたところ、3代広重の錦絵に、この問題の解決と同時に、「泉岳寺」場所書き錯誤問題を解決する錦絵の存在を知りました。「辰十一改」の「東京名勝図会　高輪英吉利館」です〔図47〕。

　この縦1枚ものは、東幸行列図とは別に、この頃から3代広重が始めたシリーズものです。この絵は、「東京高輪之勝景」で「イギリス館」の隣に「大ホトケ」を画きながら、「泉岳寺」の場所書きを離れたところに入れたという基本情報の錯綜に板行後に気づいた広重が、その誤りを訂正する意図も込め、「イギリス館」前の広場部分だけを切り取る形で〔図48〕、11月に改めて「高輪英吉利館」とし、新しい縦1枚シリーズに入れたのです。この錦絵の存在によって、「日の丸」が高輪接遇所にも建てられたことが確実となりました。

つい数ヵ月前まで官軍批判の諷刺錦絵を堂々と出していた3代広重、こちらには諷刺精神こそありませんが、共通するのは報道性を重んじる精神です。報道性から諷刺性を除けば事実性が一層比重を増します。

さて、3代広重は高輪を舞台に東幸行列図をもう1枚画いています。それが図48と同じ縦1枚ものシリーズの1枚、**「東京名勝図会　高輪大木戸」**〔図43〕です。版元、平野屋新蔵は日本橋万町《よろず》に地借りしています。万町は行列が日本橋高札場前を左折する通《とおり》1丁目に接する町です。新蔵もまた間違いなく東幸行列を目の当たりにしたはずです。先にも触れましたが「応需」と記されてなくとも、場面設定は版元です。日本橋万町の平野屋新蔵が伊勢屋鎌吉と同様に、これから江戸府内へと入ってくる高輪大木戸を指定したのです。

改印は11月です。すでに伊勢屋鎌吉に依頼され、「東京高輪勝景」を出したあとです。となれば、類似のものを画くわけにはいきません。「泉岳寺」場所書きの錯誤については、同じシリーズの「高輪英吉利館」で修正しました。熟考の末、天皇東幸行列の先頭前衛、その中で、錦旗日月旗を掲げた兵が大木戸に差し掛かる瞬間だけを、こちら側の大木戸石垣のうえあたりからスナップショットのように画きました。ですから、これには「応需」はあえて入れず、「広重筆」としたのです。大木戸の府内側には警衛屯所に立つ戎服の兵も2人入れ、高輪側には僅かな空間に拝礼の町人を9人も入れました。鳳輦・葱華輦などを画かなくとも、これで東幸行列が府内に入ったことを示すに十分と考えたのです。

縦1枚とはいえ、江戸を支配する事態が根本的に変化する様を、端的に捉えた1枚です。

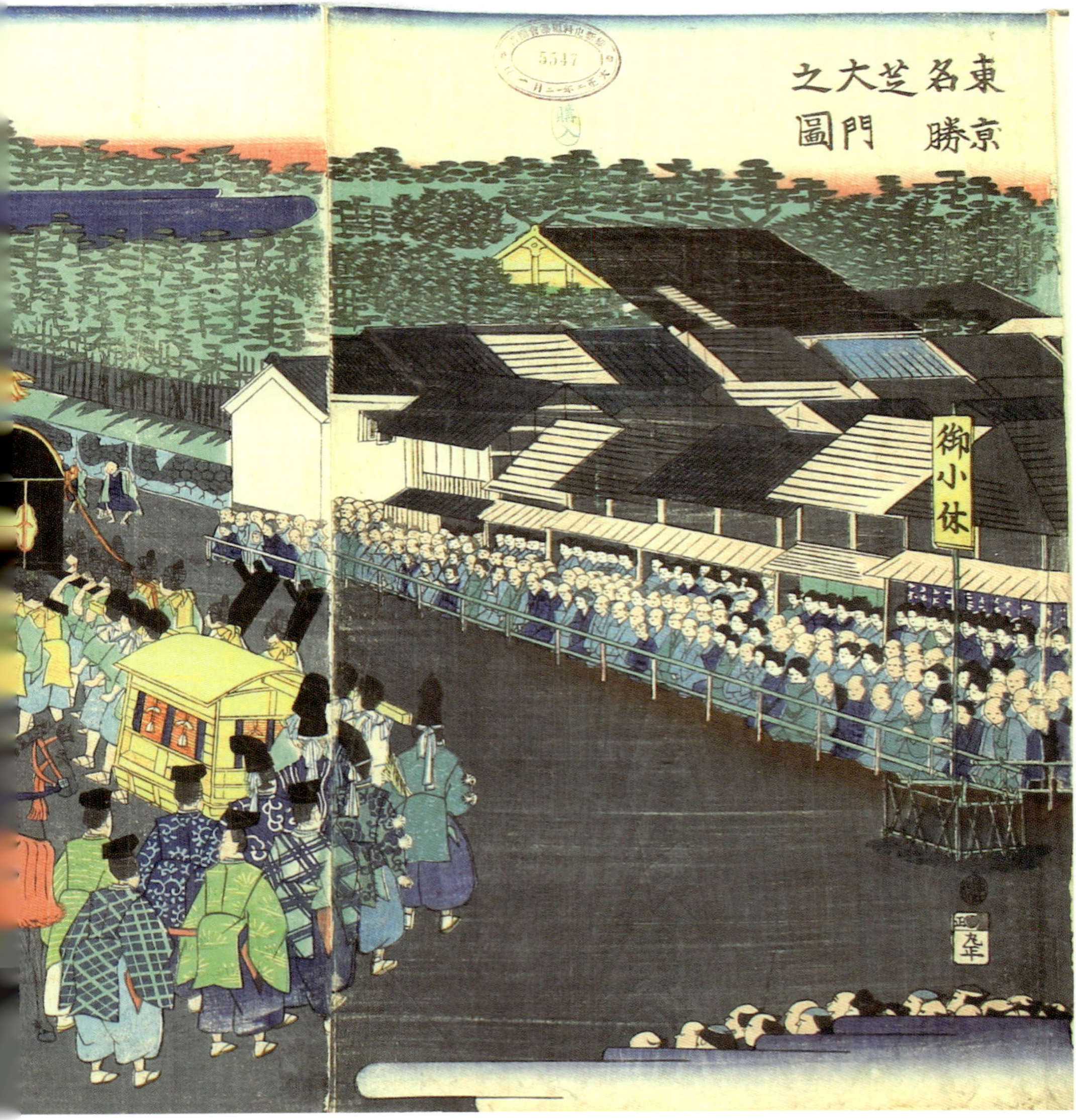
東京名勝
芝大門之圖
御小休

図49　表A№10「東京名勝芝大門之図」、大判3枚続、「辰十一改」、絵師3代広重、板元丸屋平次郎、東京大学史料編纂所蔵。

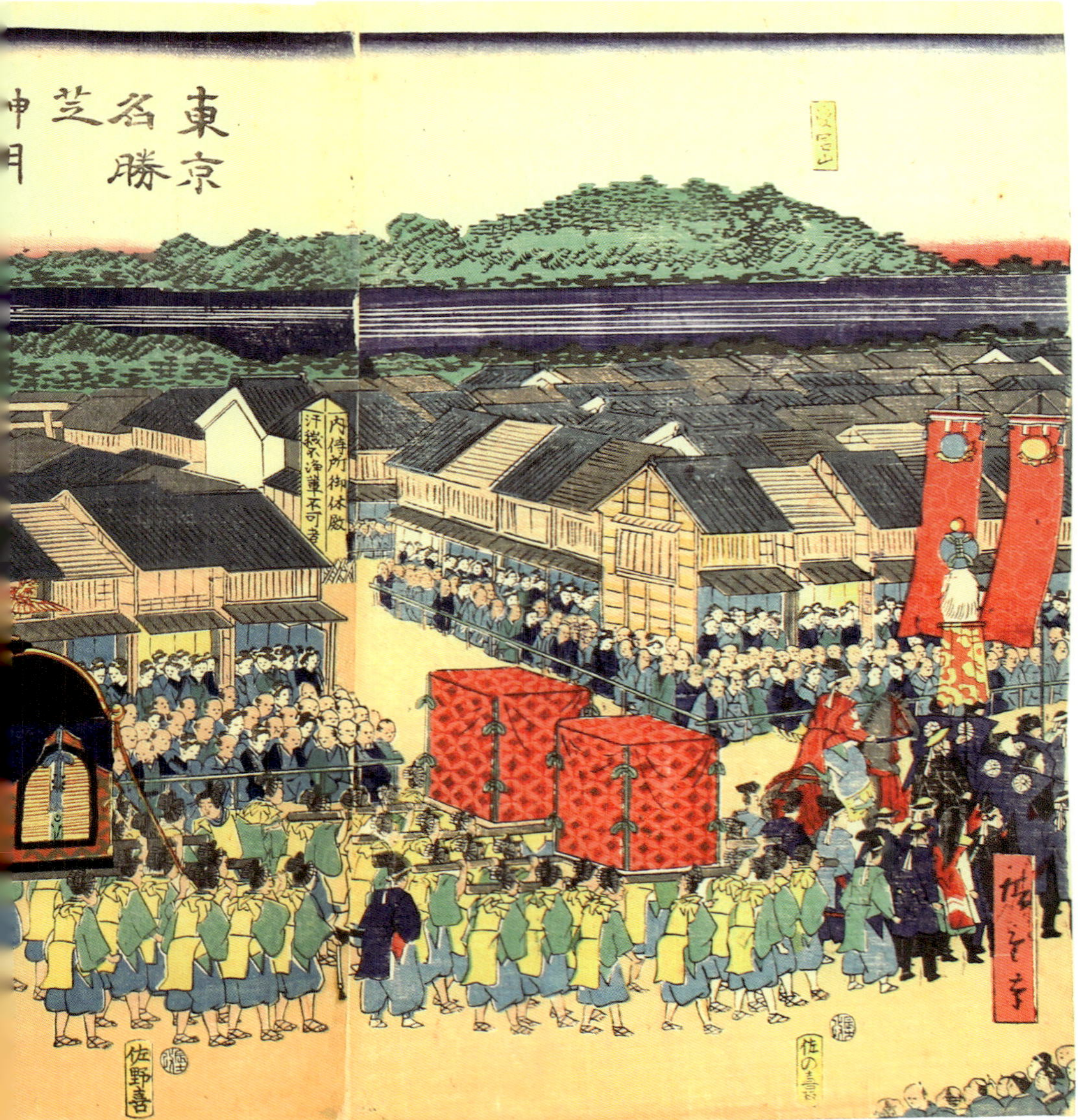
東京名勝
芝
内侍所御休殿
佐野喜

図50　表A№11「東京名勝芝神明宮之図」、大判3枚続、「辰十一改」、絵師3代広重、板元佐野屋喜兵衛、著者蔵。

図51　表Ａ№12「東京名勝図会　芝増上寺大門」、大判縦1枚、「辰十一改」、絵師3代広重、板元平野屋新蔵、東京都立中央図書館特別文庫室蔵、東京誌料。

ここにまとめた図49・50・51の3点は、芝増上寺《ぞうじょうじ》・芝神明宮《しんめいぐう》という隣り合った場所での東幸行列図で、いずれも3代広重の作画です。広重が行列光景を画くうえで仮想視点をどこに置いたかを、江戸切絵図「芝口南西久保愛宕下之図」（部分）上に矢印で示しておきました〔70頁図38、赤三角49・50・51〕。

まず、**「東京名勝芝大門之図」**〔図49〕、板元丸屋平次郎は日本橋榑正町《くれまさ》、利兵衛地借です。榑正町（日本橋3丁目）は日本橋通南3丁目から4丁目にかけての東幸通行路一つ裏手の町、平次郎もまた間違いなく通町に出て行列を見たはずですが、場所・場面としては、鳳輦《ほうれん》が「御小休」する増上寺大門へと向かうところを指定し、3代広重に頼みます。広重が画いた鳳輦はほぼ正確です。鳳輦後ろの駕籠が「御板輿《いたごし》」です。品川を「御板輿」で発輿《はつよ》してから増上寺小休まで、天皇は「鳳輦」に乗輿していないので、この「御板輿」の画き込みは、こちらに乗輿していることを知っての図のようにも思えます。

しかし、この画には大きな不思議があります。第一章の末尾に記しましたが、京都御所で「内侍所《ないしどころ》」は天皇と同じ場所にあってはならないのが原則で、東幸中もその原則は守られ、天皇宿泊の行在所と同じ場所には奉安《ほうあん》しません。そのことは『明治天皇紀』一の東幸記事ですべて確認できますが、「御小休」時の内侍所奉安場所については記載がありません。ですが、実質上「神器（神鏡）」を意味する「内侍所」を、たとえ小休と言えども、天皇と同じ場所に入れたりはしないはずです。ましてや、神道を大きく引き上げての神仏分離を強行推進し、通行順路上の仏菩薩・石仏などには覆いを被せるようにといった触を出している東幸時に、「内侍所」を増上寺内に入れたりは絶対にしないはずなのです。「内侍所」と神器関連祭祀御物を収めているはずの御羽車《おはぐるま》二輿が鳳輦に先立ち、板輿が鳳輦に続くという行列編制自体は事実通りなのですが、御羽車（葱華輦）が、そのまま増上寺に向かっているこの場面はあり得ないのです。

この疑問を解決してくれるのが、**「東京名勝芝神明宮之図」**〔図50〕と**「東京名勝図会　芝増上寺大門」**〔図51〕です。

「東京名勝芝神明宮之図」の3図が、「東京名勝芝大門之図」〔図49〕の2図から1図にかけてとほぼ重なります。図50の板元は佐野屋喜兵衛で、店のある芝神明三島町は1図右下隅に参詣人が画き込まれているあたりの町です。喜兵衛はまず確実に、この場所で行列を見ていたはずです。ところがこの画像にも、ちょっと目には別の大きな不思議が浮かんできます。「御小休」の増上寺を何事もなく過ぎていくように見えるのです。しかし、この通行路の中で営業し、眼前に見た光景を3代広重に画くよう依頼した喜兵衛が、そんな作品で満足するはずありません。よく見ましょう。1図から2図中央にかけ、芝神明宮の参道が奥に向かって画かれていますが、参道入口脇に「内侍所御休殿・汚穢不浄輩不可者《ママ》」の榜示杭《ぼうじくい》が画き込んであります。この杭は天皇が増上寺で小休している間、内侍所は神明宮に奉安されたことを意味しています。事実この時、内侍所は「芝神明前拝所」に入ります（「御東幸御道中筋御休泊留帳」）。

つまり、3代広重は芝神明前拝所に内侍所が入ったことを、この榜示杭で示したのです。でも、やはり素通りしているように見えます。しかし、幕政時代に特権的な大行列を散々見ていて、「小休」のあり方も知っていた当時の人々であれば、この場面が「小休」のどういう時なのか、すぐに気づきます。

「増上寺御小休」といっても、増上寺内に入るのは、天皇の乗ってきた「御板輿」と、出てくる時に乗る「鳳輦」と、供奉《ぐぶ》の政府高官や天皇の身の回りの世話をする従者らが入るだけで、前衛銃隊や旗持ち、後衛隊などや下級の従者らは街路での休憩になります。また、内侍所を収めた葱華輦（御羽車《おはぐるま》）は神明前拝所に入ります。そちらにも御羽車警衛の高官らは入り、下級従者らは街路に残ります。

「御小休」が終われば鳳輦と政府高官、その周辺が増上寺から出てきます。一方、内侍所を収めた御羽車も神明前拝所から出てきます。双方が増上寺・神明社から出てきたところで、この神明町・浜松町の街路で改めて隊列を組み直し、新橋方面に向けて動き出します。その場面を画いたのです。

ところで、今まで図41（73頁）と図42（75頁）で示した、芳年と3代広重が画いた二輿の葱華輦は、いずれも名称の通り、頂部に「葱華（葱坊主）」を付けた丸みを帯びた屋根が画かれていました。しかし、この「東京名勝芝神明宮之図」では、二輿とも、赤布ですっぽり覆われ、まるで正方形の箱のように見え、葱華輦なのか判らない形です。実は、この形のほうが行列時の光景としては正確なのです。

先に、「東京高輪之勝景」〔図42〕（75頁）の清国人拝礼姿に関して、イギリス館前広場でアーネスト・サトウらが行列を立って眺めていたことを述べましたが、この時一緒に見ていたジャパンタイムズ編集者リッカービイは、鳳輦に先行して現れた二輿の御羽車について、次のように記していました。

"… two square boxes, borne high upon men's shoulders and covered with a red and yellow damask silk. These were believed to contain the insignia or regalia,"

赤と黄の絹緞子《どんす》に覆われ、肩の高さに担がれ運ばれてきた二つの正方形の箱、これらには、皇位の証しが収められていると信じられている……（拙訳）。

ジャパンタイムズのこの記事は、高輪での「見物」記です。ですが、高輪で「肩の高さに担がれ運ばれて」いた御羽車が絹緞子に覆われ、"two square boxes"のように見えたのであれば、鳳輦に先行する御羽車の位置に、赤布ですっぽり覆われた「二つの正方形の箱」を画いた（それも間違いなく肩の高さに担がれている）この行列図は、他の行列図に比して特段と写実性・事実性の高いものということになります。

「東京名勝芝大門之図」〔図49〕の時点では、天皇は御板輿に乗輿しています。しかし小休後、鳳輦が境内から出てきた時点で天皇は鳳輦に移っています。だから、この図50に御板輿を画く必要はないのです。鳳輦後ろの漆黒板戸も帷《とばり》の青紫色も正確です。寺院の窓枠のような御簾の縁がやや違和感があるのみです。この図には「応需」の頭書はなく「広重筆」とあるのみです。3代広重が、現場である芝神明三島町の板元「佐野喜」の要請を受けつつも、実見情報を特に重視して画いた、自信の東幸行列図です。

そうなると、「東京名勝芝大門之図」〔図49〕で葱華輦を増上寺に向けているのは、事実に反していることを広重自身が知っていた可能性が高くなります。少なくとも「東京名勝芝神明宮之図」〔図50〕制作後は、事実でないことを知っています。そういうこともあって、「東京名勝芝大門之図」のほうでは、日本橋榑正町の板元丸屋平次郎の注文に応じた作であることを「好に応じて」と、特に明記していたのです。

しかし、事実性を重視する広重としては、やはりできれば、増上寺での小休へと向かう場面で、葱華輦を外した図を出したいはずです。それが、**「東京名勝図会　芝増上寺大門」**〔図51〕なのです。

これは、板元平野屋新蔵から出している縦1枚ものシリーズです。増上寺には御羽車は入らなかったことを、ただ前衛銃隊と馬上一騎、供数人だけを画いて示したのです。ここで、前衛の向きに注目して下さい。増上寺山門へ向かっているようで、よく見ると、先頭近くで赤い小旗を、左へと出した方向指示に従い、全員が左方向へと歩を進めています。つまり、前衛銃隊は山門前の広場左脇での休憩へと向かったのです。騎乗高官の前にいる菊章旗旗持も広場での休憩態勢へと足を向けています。3代広重は、この図で「御小休」時には、御羽車は増上寺に向かわないことを示すと共に、前衛銃隊や旗持などは広場・路上休憩に入るという、当時であれば多くの者が知っていることも画いているのです。

ただ、それならば「御羽車」を外すだけでなく、鳳輦と、実際にその時天皇が乗輿していた「御板輿」を画けばもっとはっきりするのに、とも思いますが、それは多分に現代的感覚でしょう。それらを画いてしまえば、先の「東京名勝芝大門之図」は誤りでしたと明言してしまうことになり、そうすれば「好に応じて」と、板元丸屋平次郎に遠慮を働かせた意味も消えてしまいます。

そう言えば、3代広重が「東京高輪之勝景」〔図42〕（75頁）でイギリス館から遠い位置に「泉岳寺」の場所書きを入れてしまった誤りを、これと同じ縦1枚もの「東京名勝図会」シリーズ、「東京名勝図会　高輪英吉利館」〔図47〕（84頁）で修正した時も、「ここが泉岳寺だ」という書き入れはしていませんでした。それも、誤った作画を出させてしまった板元に、遠慮を働かせているのだと思われます。

ところで、「御小休」となった増上寺には難問が降りかかりました。増上寺所蔵文書『増上寺日鑑』（慶応四辰年正月ヨリ　当月番林松院）の「十月十二日条」に、次の記事があります。「明十三日朝五ッ時より　御休輦済迄山内往来留幷鳴物停止《なりものちょうじ》被　仰出、猶又各代仏前朝夕勤行《ごんぎょう》之節も鳴物無用……」。「鳴物無用の勤行」など、寺院にとってはあり得ません。しかも小休の翌日14日は文昭院（家宣《いえのぶ》）の祥月命日で、13日午後には「御初夜《おしょや》」の勤行があるのです。しかし、幸いにして「御小休之儀は正四ッ時より御乗輿九ッ時ニ相済候間、初夜出勤之儀も差支無之事」と、毎朝の勤行と「文昭院様御初夜」の大法要との間に小休の出入りが済んだため、「鳴物無用の勤行」という無理難題は辛うじて免れました。

旧幕勢力を軍事的に打倒した新政府の担ぐ天皇が、将軍家菩提寺へ小休に入る。増上寺にとって「御小休」とは、極度に張り詰めた緊張の時間帯であり、こうして強いられた緊張を経ながら、徳川治世を終わらせた新政府への恭順も、徐々に固めて行かざるを得なくなっていくのです。

東京府中
東京府常備兵

図52　表ＡNo.13-1「東京府中橋通街之図」、大判3枚続、「辰十改」、絵師月岡芳年・景様門人年景、板元丸屋甚八、早稲田大学中央図書館特別資料室蔵。

其二東京府京橋之圖
従是北 東京府御用掛
明治元辰年九月

図53　表A№13-2「其二東京府京橋之図」、大判3枚続、「辰十改」、絵師月岡芳年・景様門人年景、板元丸屋甚八、早稲田大学中央図書館特別資料室蔵。

其参東京府銀坐通之図

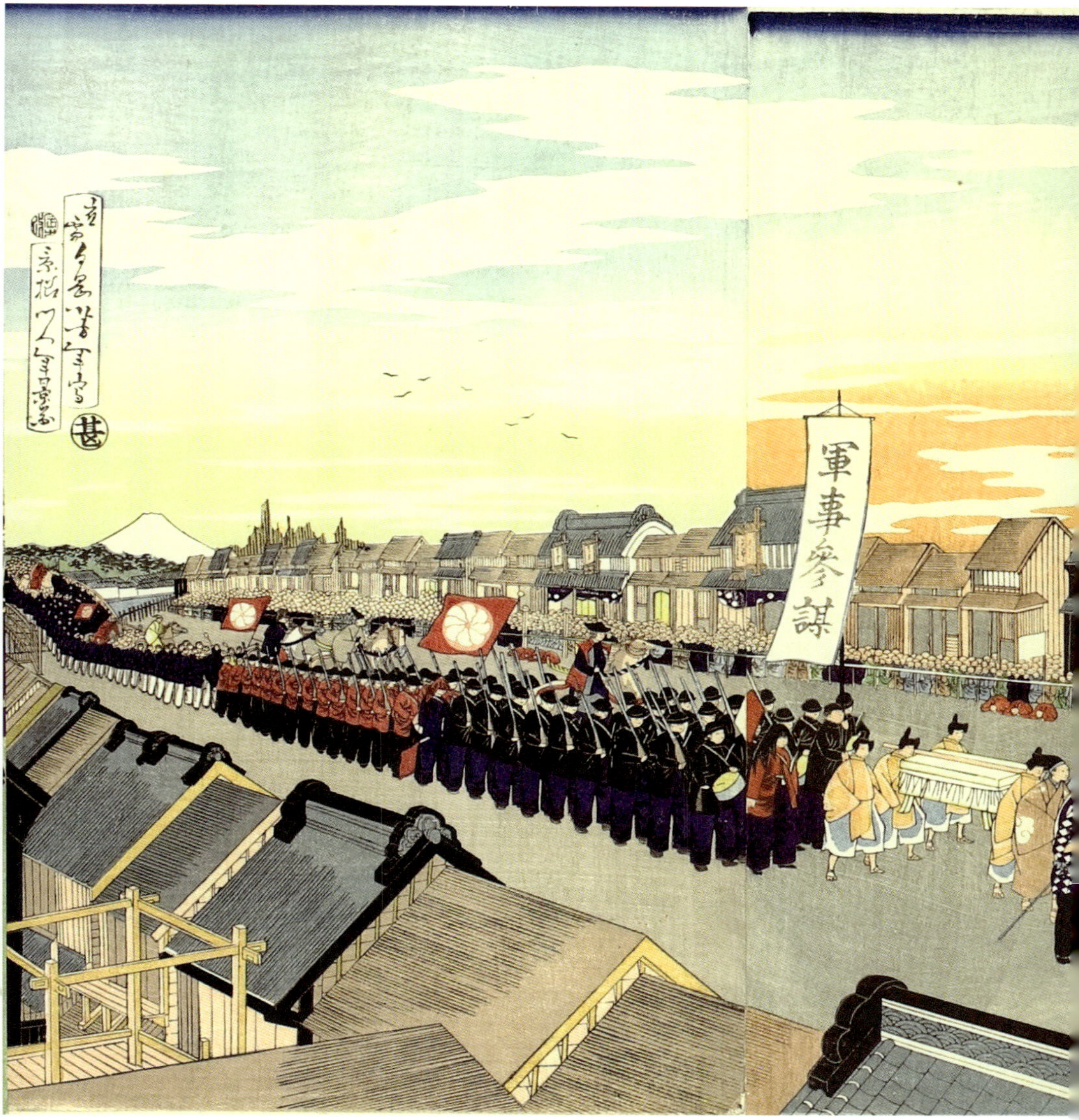

図54 表ＡNo.13-3「其参東京府銀坐通之図」、大判3枚続、「辰十改」、絵師月岡芳年・景様門人年景、板元丸屋甚八、早稲田大学中央図書館特別資料室蔵。

「東京府中橋通街之図」〔図52〕・「其二東京府京橋之図」〔図53〕・「其参東京府銀坐通之図」〔図54〕は、9枚続で制作され、3枚続単位でも売れるようにしたものです。現在の所蔵機関でこれを9枚とも保存している機関は少なく、多くの機関で「其参」の存在を知らず、6枚続とされています。板元は芝三島町に住む丸屋甚八です。

絵師は月岡《つきおか》（魁斎《かいさい》）芳年《よしとし》ですが、それぞれに「景様門人年景」とありますので、画題主要部ではない景様（背景）部分、遠景の江戸城〔図52〕・町屋の建物〔図52・54〕・空などを門人の旭斎《きょくさい》（金木《かなき》）年景《としかげ》に画かせたものです。

9枚全部を横に繋げると、図55のようなパノラマ図になります。大判1枚の横は約24㎝〜25㎝前後ですので、9枚続の横幅は2m20㎝にもなります。背景は弟子に画かせたにせよ、主題部については芳年が力を込めた大作です。9枚続の大パノラマにしたのは、行列の先頭から最後までを入れるためですが（もちろん、供奉の従者や諸道具すべてを画き入れることはできないので、あくまでも目立つ部分だけですが）、長大な行列を1点の仮想視点から画いたのでは遠い部分が極端に小さくなってしまいます。そこで、3枚続単位でそれぞれ仮想視点を設定した画を制作し、全体としても一つに繋がるようにする、これが「応需芳年筆」と明記された、板元丸屋甚八の要請と、受けた芳年との合意内容のアウトラインでしょう。

図55 図52・図53・図54の9枚続を、すべて繋げたパノラマ図。

改印は10月で、丸屋甚八が六郷川《ろくごうがわ》を舞台に画くことを頼んだ月と同じです。「武州六郷船渡図」〔図41〕（73頁）では、芳年は供奉《ぐぶ》の従者らをまるで人形のように画いていましたが、こちらではどうでしょうか。図41は鳥瞰図の図法を採ったので従者が小さくなり、人形のようになっただけではないか、とあるいは思われたかもしれませんが、図52で、街路のこちら側、町屋1階屋根あたりに仮想視点を設定し、大きく画いた前衛銃隊や供奉の従者も、また図53で京橋北詰の高所に仮想視点を定めて画いた、橋を渡る葱華輦《そうかれん》と鳳輦《ほうれん》を担ぐ従者も、さらに図54で京橋南の、かなり高いところに仮想視点を置いて画いた、騎乗の政府高官に仕える従者から辛櫃《からひつ》を担ぐ者、「軍事参謀」の旗に延々と続く後衛銃隊など、ほとんどすべての人間を、やはり無機質・無表情に、淡々と、機械的に前へ進んでいくように画いています。

行列行進を機械的に歩む姿に画いたこの9枚続の大作には、多くの箇所に貴重な「事実」が画き込まれています。

まず**「東京府中橋通街之図」**〔図52〕ですが、ここは、錦旗を先頭に、鼓笛隊・前衛隊、続いて騎乗の政府高官とその従者らが京橋を渡り終え、本格的町人街区通町《とおりちょう》の南伝馬町3丁目から2丁目へと進んできたところです。1図に錦旗日月旗の旗手が相撲取りとして画かれていますが、これは諸史料にある通りの事実で、日月旗を掲げたまま長時間歩くにはかなりの腕力が必要なためです。

図56　図52の1図部分拡大、「鼓笛隊ドラム」。左手は甲を下にしてスティックを持つ。

図57　歌川芳藤「調練歩行之図」、「卯正改」（小西本③『動乱の幕末』より）。

また、菊章旗の後ろに鼓笛隊がいますが、この鼓笛隊の、特に小太鼓に見える楽器の「撥《ばち》」を握っている手に注目して下さい〔図56〕。

ドラマーは、左手の甲を下にしてスティックを握っていますが、これは伝統的な和楽器の小太鼓ではあり得ない持ち方です。これは和楽器の小太鼓ではなく、西洋楽器のスネアドラムだからです。幕末に旧幕府軍が西洋式の銃隊訓練を採用した際、「撃ち方止め」などの号令時に、この独特な持ち方でドラムを打っていたのですが、それを新政府軍も採用し、行進の際にも号令に活用していたのです。その西洋式鼓笛隊のドラマーがここに画かれているのです。

幕府による西洋式軍楽隊採用に起源があることですので、このドラムについては、幕末来、すでに多くの絵師がその特徴を作画しています。図57は歌川芳藤《よしふじ》が内戦勃発の1年前、慶応3年（1867）の正月に湯島の太田屋多吉から出した3枚続の「調練歩行之図」ですが、この図でドラムの裏に響《ひびき》線《せん》が張ってあることで、はっきりとスネアドラムだということが判ります。

図58　歌川芳員「調練之図」、3枚続、「卯十一改」、板元増田屋銀次郎、著者蔵。

図59　同上、3図部分拡大。

図58は慶応3年11月に、芝神明前三島町の増田屋銀次郎が歌川芳《よし》員《かず》の作画で出した3枚続の「調練之図」です。横1列に並んだ1個小隊の銃隊後方で、2図中央に画かれた黄服の指揮官が、「撃て」と指揮棒を高く上げると、直ちに、3図上部に画かれたドラマーがスティックでドラムを打ち、その音で銃隊が一斉に銃を放ったその瞬間の図です。図59がそのドラマーの拡大図で、右手がドラムを打った瞬間を正面から見たところです。この錦絵は、幕府銃隊訓練が芝神明町の真東に設けられた「鉄炮調練場」（〔図38〕70頁参照）でおこなわれたため、神明前三島町の増田屋を含め、多くの板元が芳員・芳藤ら報道錦絵を手がける絵師と共に、幕府陸軍奉行の許可の下で実見し、制作されたものの一つと考えられます。

図60の「散兵太鼓譜附双六」は、その前年慶応2年の11月に銃隊附属の鼓笛隊員が、遊びながらでも覚えられるようにと、芳員が築地大黒屋金之助から出した楽譜附の双六で、図61は、一

図61　歌川芳員挿画、『図解調練独稽古』（部分）、国立国会図書館古典籍資料室蔵。

図60　歌川芳員「散兵太鼓譜附双六」、「寅十一改」、板元大黒屋金之助、兵庫県立歴史博物館蔵。

人稽古用に積善堂が慶応3年初春に出版した『図解調練独稽古』の挿画として、前年10月の内に、芳員が画いたドラマーの図です。

この図によっても、裏側の響線がはっきり確認できます。左手スティックの握り方は、甲は下という点は同じでも、指を掛ける方式など、色々あるようです。また、撒兵《さっぺい》隊が48通りの号令に合わせ、銃の持ち方・構え方・撃ち方を、やはり遊びながら覚えられるように、芝神明町の和泉屋市兵衛が慶応2年9月に出した「早合点調練双六」〔図62〕も、芳員の作画です（「早合点」は「早く納得できる」との原義）。

こうした撒兵隊や鼓笛隊のための図解テキストに始まり、一般錦絵にも広まった洋式軍隊調練の様子は、すでに慶応3年にも、子供遊び絵の世界では第一人者の芳藤が作画した「子宝《こだから》遊《あそび》寿《ことぶき》双六《すごろく》」といった普通の正月双六にまで入り込み、「たるみこし」「たけむま」と「かじごっこ」の間に、「てうれんごつこ（調練ごっこ）」が入ったりするのです〔図63〕。このような状況下のことですので、芳年が「東京府中橋通街之図」で、鼓笛隊を正式な西洋式軍楽隊として画いたことは、必ずしもその時に注視した結果というものでもなく、鼓笛隊とはこういうものだ、といった共通認識が形成されていた反映に過ぎないとも考えられます。

事実、行列図に鼓笛隊が画かれているのは全部で11点あり、想像図の図26（55頁）の奇妙な鼓笛隊と、虚構図の国輝作画〔図108〕（169頁）、国政作画〔図103〜106〕（165〜166頁）は左手の状態が確認できませんが、図42・77・94・102（75・124・153・164頁）では、左手の甲を下に画いています。図42と図77は3代広重、図94は芳藤の作画で、彼らはいずれも意識的に画いています。問題は芳年ですが、実は「武州六郷船渡図」〔図41〕（73頁）では、左手の甲は上になっています。改はどちらも10月ですので作画の前後関係ははっきりしませんが、この、力を込めた図52では、おそらく意識して正確に画いたものと思われます。

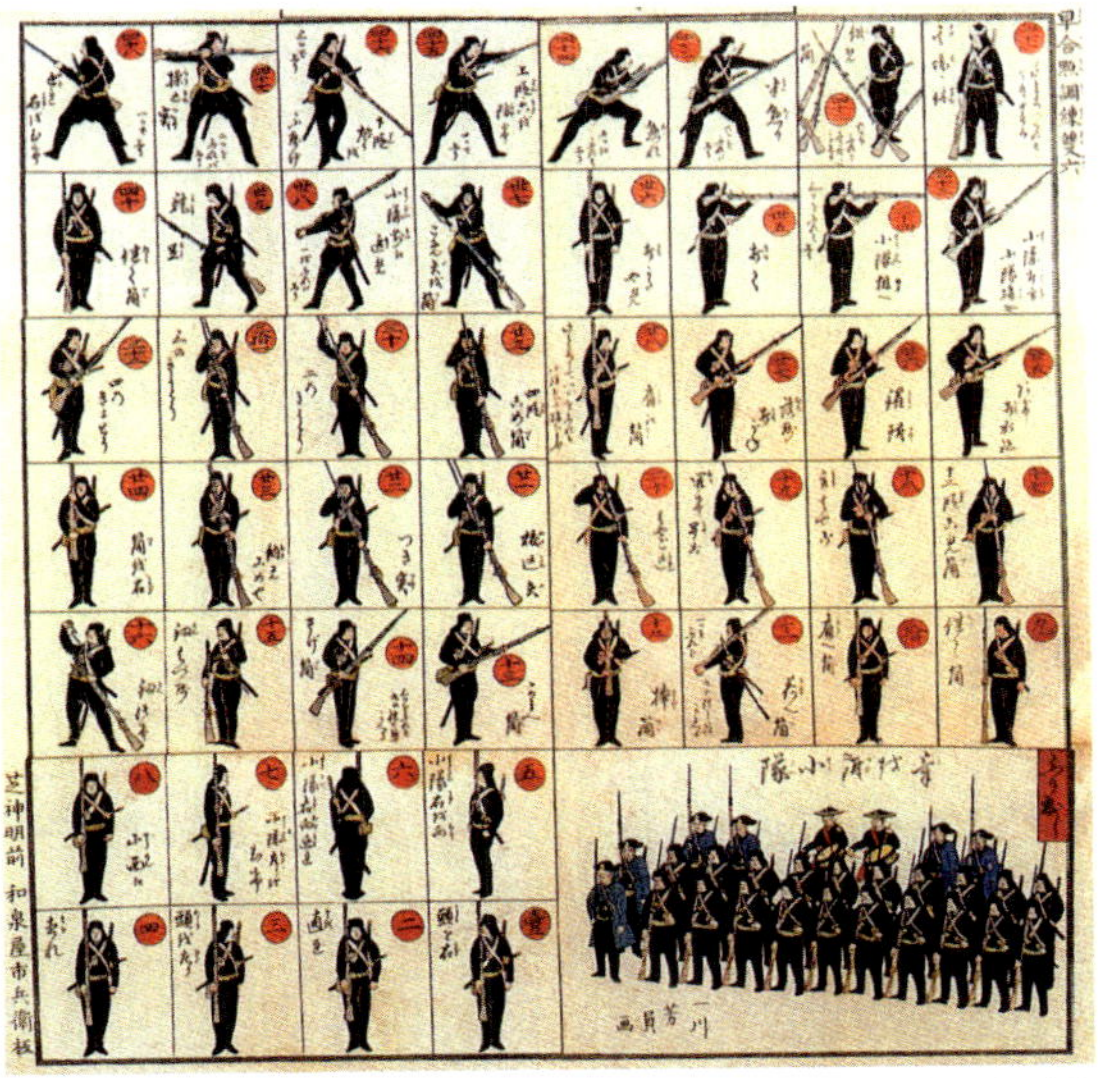

図62　歌川芳員「早合点調練双六」、「寅九改」、板元和泉屋市兵衛、兵庫県立歴史博物館蔵。

図63　歌川芳藤「子供遊寿双六」、「卯十改」、板元大橋屋弥七、兵庫県立歴史博物館蔵。

かなり回り道をして鼓笛隊の細部にこだわったのは、実は先に、佐々木克さんが「錦絵は行幸の模様を実際に見て描いたのではなく、想像して描いたものが多い」としながら、行列図としてはこの図52だけを出していたことについて述べましたが、同著で、鼓笛隊について、「行列の先頭で、伶人《れいにん》（雅楽の奏者：佐々木註）が音楽を奏でながら先導した」と書いていたからでもあります。この誤りは、『明治天皇紀』一に「伶人道楽を奏して先導す」とあるのを検証せずに引いたためですが、『明治天皇紀』が「伶人」の「道楽」を記したのは、和田倉門から西城大手門に入る間についてのことで、行進全体については、楽隊についての記述がありません。佐々木さんはそれを、品川から先の全順路で雅楽が先導していたように書いてしまいました。もっとも、『明治天皇紀』の典拠史料を捜索してみましたが、和田倉門以後では雅楽が先導したのかの確認はできません。一部にせよ、雅楽で行進できるものか、疑問が残ります。

さて、こんな些細なこと以上に、決定的に重要な事実を、芳年はこの9枚続に画き込んでいます。

「東京府中橋通街之図」〔図52〕（97頁）をもう一度ご覧下さい。1図・2図・3図すべてに、拝礼群衆の中に「東京府常備兵」の小旗が画かれているのが見えます。常備兵の姿は画き込んではいませんが、1図の小旗前から2図に続いたところに、何やら特殊な正装を着した4人が、群衆から出て柵の前で土下座している姿が画き込まれています。拡大します〔図64〕。さらに1図右端を見ると、行列先頭のところに、錦旗日月旗の旗持ちの顔と菊章旗に隠れた形で、全く同じ装束の者5人が、やはり柵前で土下座している姿が画き込まれています。これも拡大します〔図65〕。

拝礼群衆を統制する柵の前に出たことは、彼らが身分的特権者であることを意味しています。その特権人物が土下座しているのです。誰たちでしょう？ 江戸切絵図「八丁堀霊岸島日本橋南之絵図」でこの行列通過場所を確認すると、この図52仮想視点のやや右、南伝馬町3丁目の一つ西側の通りに、幕府奥絵師だった鍛治橋狩野家の屋敷があります。少し先、南伝馬町1丁目東側の路地にも中橋狩野家という狩野屋敷があります〔図66〕。図64は鍛治橋狩野家から出た絵師たち、中橋狩野家から出た絵師は実際には通行路反対側に出ていたのでしょうが、画面に入れるため、同じ側に画き込んだのでしょう。幕府お抱えの特権的絵師集団だった狩野派絵師が、幕府崩壊と共に特権を失い、新権力に拝跪《はいき》することで生活の持続を図ろうとして土下座していたのです。この姿を、実力だけで急速に脚光を浴びつつあった市井の絵師月岡芳年が、あざ笑うかの如く、あえて画き込んだのです。

図64 図52の1図左〜2図右拡大。柵の前に出て土下座する4人。

図65 図52の1図右拡大。先頭旗持の向こうに同じ装束で土下座する5人。

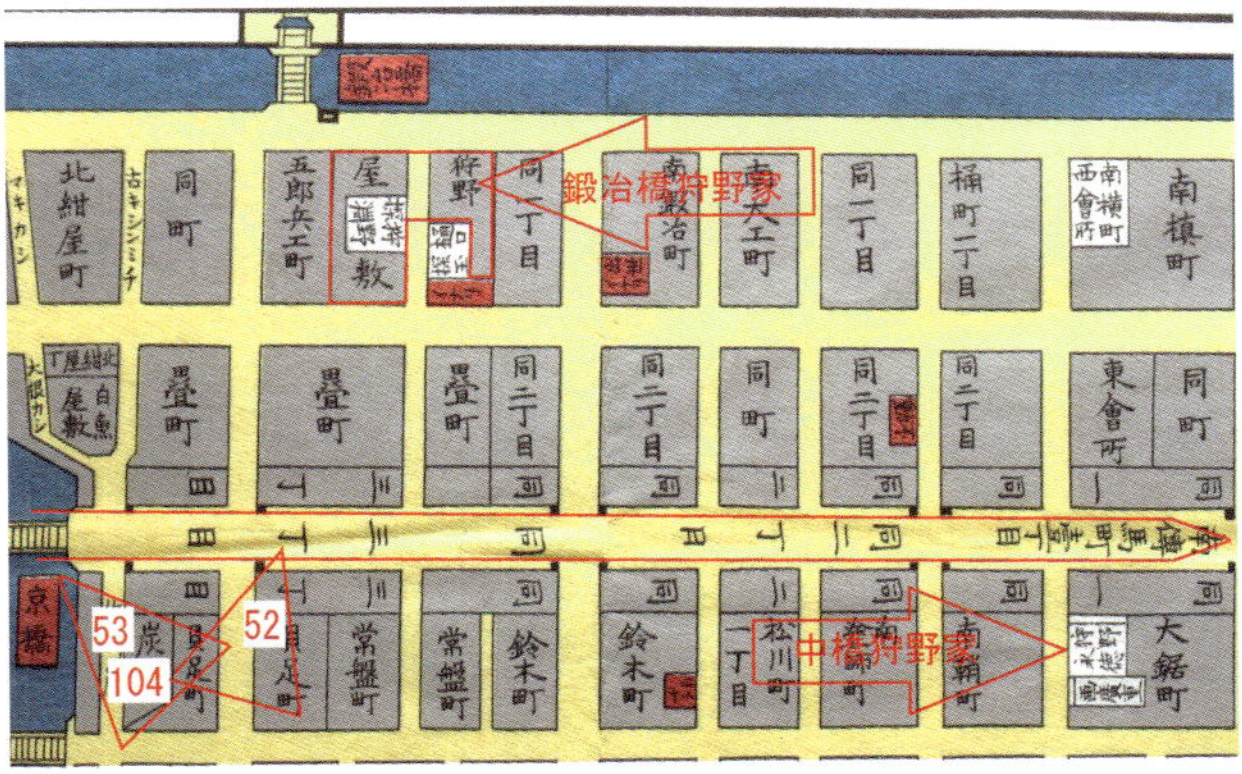

図66「八丁堀霊岸島日本橋南之絵図」部分。狩野派絵師2屋敷と仮想視点。

「其二東京府京橋之図」（図53）（99頁）の1図には、京橋北木戸脇に「是従北　東京府御用掛、明治元辰年九月」と記された榜示杭が見えます。この榜示杭の設置は、東京都公文書館所蔵文書「慶応四年御達留」8月28日付け規則で確認できました。芳年は、新しい榜示杭の設置にも、支配権力の根本的な交替を読み取って、画き入れたのです（厳密には、その管区警衛隊長の姓名も杭に録されているはずですが）。

「其参東京府銀坐通之図」〔図54〕（101頁）も今一度見て下さい。その2図、「辛櫃《からひつ》」が通り過ぎ、「軍事参謀」旗を掲げた銃隊が通りかかるあたりで、やはり柵の前に出て土下座している3人の赤服が画き込まれています。拡大します〔図67〕。奥絵師と同様、特権を有している者が土下座しているのです。これは誰たちでしょう。江戸切絵図「京橋南築地鉄炮洲絵図」でこの場所を見ます。ここは、京橋へ向かう新両替町の2丁目角ですが、ちょうどこの場所のすぐ後ろに観世流能楽《かんぜりゅうのうがく》の家元、観世太夫《かんぜだゆう》の屋敷があるではありませんか〔図68〕。

「武家の式楽《しきがく》」を演ずる能楽師はすべて幕臣身分だったため、戊辰内戦は彼らの世界に大混乱を惹き起こします。この観世屋敷にあって、梅若六郎《うめわかろくろう》（初代梅若実《みのる》）は日々詳細な日記を録していたのですが、それによると、幕府崩壊により、徳川（田安）亀之助《かめのすけ》が継いだ徳川宗家に従って静岡に移ることを決めた「御暇願」組34名と、東京に残ることで観世流能楽を絶やさない決意をした「朝臣」組28名とに分裂します。梅若六郎も苦悩し、当初は、たとえ無禄で農工商になるとも、亀之助の新領地駿府へ移る決意を固めますが、直前になって翻意し、「朝臣」として東京に残留し、能楽師を続ける道を選択します。

ただし、梅若実の10月13日の記録には「主上様御東幸」として、品川から大通りを経て呉服橋御門から和田倉門を経て入城した、とあるだけで、自身が拝礼したとは記していません。梅若実は出ず、残留組の代表的若手、のちの5代観世鉄之丞《てつのじょう》らが出ていたのかもしれません。誰かはともかく、28名の内数名が、能楽継承のために主家を捨てて「朝臣」となる決意を固めたことを、土下座礼で示したのです。

芳年が実際にどこで行列を見ていたかは判りませんが、狩野派絵師と能楽師の土下座礼の実見情報を得ることで、市井に生きる自分たちと彼らとの本質的な違いを、改めて強く感じ取ったはずです（能楽師を赤服に画いたのは、能楽師が女役を演ずる時に赤系の服を着すためで、能楽師が出ていたことを伝えるために、あえて3人とも赤服にしたものと思われます）。

以上のように見てくると、この9枚続は、細部も捨てず、同時に重要な事実をしっかりと画き込むことで、板元からの要請に独自の報道精神をもって応えたものと見えてきます。とすれば、同じ10月に画いた、あの「血みどろ絵」と評し得る『魁題百撰相』「佐久間大学」〔図37〕（69頁）と比べてみた時、「武州六郷船渡図」〔図41〕（73頁）以上に、無機質・無表情の人間が延々と続くこの機械的な行進従者の画き方は、「武士」「銃隊」「戦闘」「勝利」といった問題を、芳年なりに考察した結果の画法だったと思えてきます。

武士がそれぞれ己の剣術の技量をもって戦場に赴くのと異なり、号令に従って銃砲を一斉に撃ち、また止めるといった近代戦法では、一人ひとりの「兵隊」は指揮官に従う「駒」としての意味合いが濃厚になり、個性を消し去る方向に向かわざるを得ません。戊辰戦争では新政府側だけでなく旧幕府側もそうした西洋式近代戦法を採り入れていましたが、上

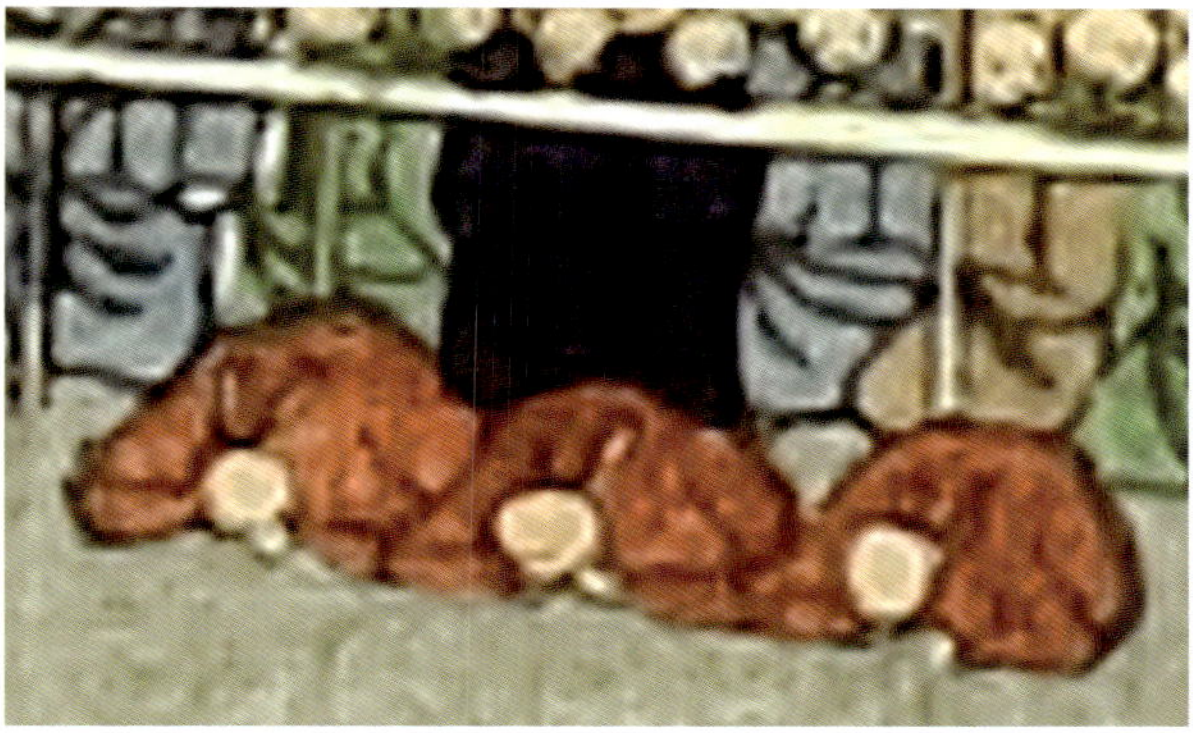

図67　図54の2図部分拡大。柵から出て土下座する赤服3人 。

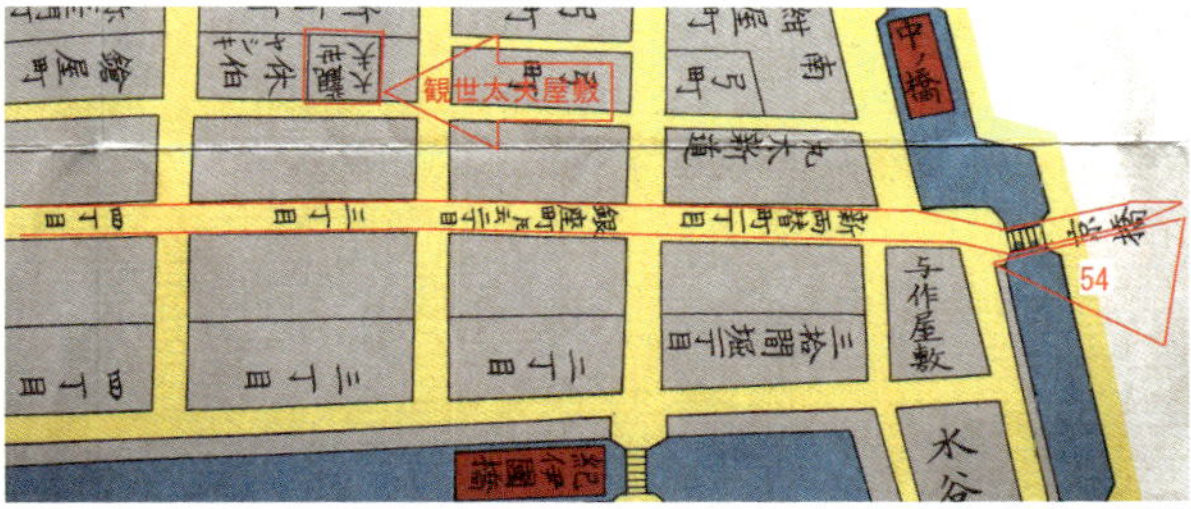

図68「京橋南築地鉄炮洲絵図」部分。観世太夫屋敷、図54の仮想視点。

野戦争を含む個々の戦闘場面では、旧幕府側はまだ旧来の刀剣を主力とする「武士」としての戦法も多く残していました。芳年が画いた『魁題百撰相』は、近世前期までの内戦を表向きの主題としているためという要素もありますが、そうした近代戦法での「駒」としての「兵隊」は画いていません。『魁題百撰相』で、戦場で見せる非人間的な光景までをもあえて画いたのは、人間が有する優しさなどを捨て去らなければ生き残ることのできない、凄惨な戦場の現実を、彼独自のリアリズムで画いたとみることができます。

そうだとすると、「官軍」に敵対する者たちを「賊軍」「賊徒」と断じて「誅伐」することによって勝ち得た、この内戦勝利の、言わば敵地での凱旋行進でもあるこの東幸行列において、前衛銃隊兵・後衛銃隊兵を典型として、供奉の従者たちを無機質・無表情に画いたのは、むしろ、今画いているシリーズ『魁題百撰相』と意図的に対比することさえ目論んでのことのように思えてきます。

権力による和平が強いる恭順的「従順さ」の下で、無表情なまま機械的に行進する東幸行列に対し、士下座までして己の絵師としての延命を図る「狩野派お抱え奥絵師」と、能楽継承のためとはいえ主家を捨てて「朝臣」となることを示さざるを得なかった旧幕臣能楽師たちを嘲笑うかのように、パノラマ画面に入れたことと、『魁題百撰相』シリーズを同時期に画いていたのは、卓抜した洞察力と表現力をもった芳年の、この時期の思考の現れと考えられます。

コラム2 縮小版錦絵

本書の元となった拙論Bで、3枚続の№8「東京高輪之勝景」を1枚に縮小した版があることを紹介しました。錦絵の板下を縮小する当時の方法は、升目を付した紙を使用したものと推定し、下の拡大部分を提示、サトウは口に、パークスは頬と顎に髭を蓄えていたことを確認したうえで、拱手《きょうしゅ》拝礼する清国人の後ろ、後列左脇に髭面のイギリス人を画いた、としました。

しかし、畏友岩田秀行さんと新藤茂さんの協力で、縮小版は大正6年に刊行された雑誌『錦絵』第8号の口絵のために木板複製したもので、それを取り外したものと判りました。その時に見ていた東京大学史料編纂所蔵の3枚続は摺り・保存が悪く、東京都立中央図書館特別文庫室蔵の縮小版が綺麗だったため、縮小版の画像で分析していたのです。

ところが綺麗な3枚続では、本文の拡大図〔図45〕（82頁）で示した通り、後列左脇の人物も特に髭面イギリス人には見えないのです。目二つと口一つの点を実寸僅か1㎜の顔の中に入れることが困難なため省くほどの細かい作業で、大正期の板下・彫り・摺りの工程中、偶々出来損なった顔が、髭面イギリス人に見えただけのことだったのです。この点に関し、前稿を訂正致します。

なお、国立国会図書館蔵の『錦絵』第8号には、図53「其二東京府京橋之図」の縮小版が、外されずに残っていました。

参考図2　縮小複製版「東京高輪之勝景」拡大図。この図だと、後列左脇の人物が、立って眺めているだけの髭面イギリス人に見える。東京都立中央図書館特別文庫室蔵、東京誌料。

東京府名所之内
日本橋南通呉服橋之景
一曜齋國輝筆
彫長
彫長

図69　表Ａ№14「東京府名所之内日本橋南通呉服橋之景」、大判3枚続、「辰十改」、絵師一曜斎国輝、板元大黒屋平吉、著者蔵。

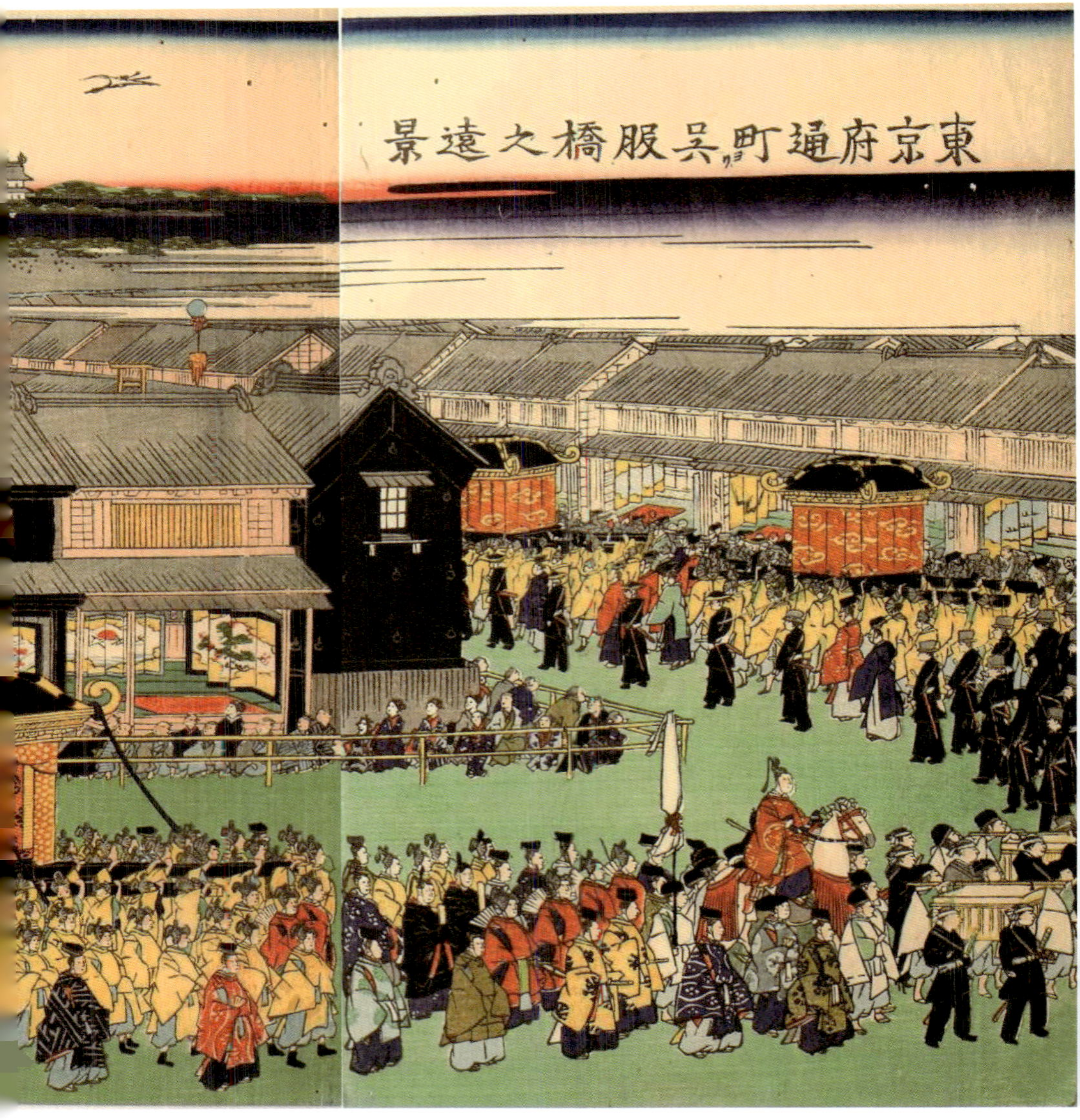
東京府通町ヨリ呉服橋之遠景

図70　表A№15「東京府通町ヨリ呉服橋之遠景」、大判3枚続、「辰十一改」、絵師歌川芳藤、板元澤村屋清吉、著者蔵。

図69と図70、同じ場所で構図も似ています。仮想視点の位置も近いです〔125頁図78、赤三角69・70〕。

「東京府名所之内日本橋南通呉服橋之景」〔図69〕は絵師が一曜斎国輝《いちようさいくにてる》、板元が両国広小路吉川町（中央区東日本橋2丁目）の大黒屋平吉です。**「東京府通町ヨリ呉服橋之遠景」**〔図70〕は絵師が歌川芳藤《うたがわよしふじ》（文政11年〔1828〕～明治20年〔1887〕）、板元が神田和泉橋通（千代田区神田平河町・松永町）の澤村屋清吉です。改印は図69が辰10月で図70が辰11月、明らかに芳藤が国輝の画を拝借しています。芳藤は戊辰戦争諷刺錦絵大流行時に、強い官軍批判の錦絵を出しています（〔図11〕31頁参照）。国輝は今まで見てきたように、東幸歓迎の視点から積極的に想像図をも引き受けています。

実は、私は図70の分析を先に終え、あとで図69の存在を古書店目録で知りました。「芳藤が国輝を模倣?」と、一瞬動揺しました。ですが、芳藤がいかにも芳藤らしい「抵抗」を放ったところこそが違い、ほかの芳藤らしいポイントも、ことごとく違っていることが、目録図版に目を凝らしただけで判りました。

まず場所を確認します。大黒屋平吉が国輝に、澤村屋清吉が芳藤に、それぞれ指定した場所は、どちらも「通町《とおりちょう》から呉服橋へ」だったことに変わりはないでしょう。板元居住地はどちらも通行路から離れており、当時最も富裕な町人街通町から、いよいよ呉服橋御門へと向かうところを指定したものです。

図69の2図～3図の上部。呉服橋門へ入る前衛銃隊に、騎乗警衛・菊章旗・日月旗が続くところを拡大します〔図71〕。図70の同じ部分が図72です。芳藤は、その錦旗日月旗の「日旗」太陽に改印《あらためいん》を入れさせてしまいました。拡大します〔図73〕。改印とは、絵師が画いた版下を板元が町役人の掛名主まで持参し、掛名主が開板良しと判断して押印、それを画像と共に板刻するもの。板元澤村屋清吉が指定しなければ、掛名主がこんな場所に改印を押すはずもなく、芳藤の意向を聞かずに清吉が勝手に「ここへ」、と言うはず

図71　図69の2図～3図部分拡大。呉服橋門へ入る前衛銃隊に、騎乗警衛、菊章旗、日月旗が続く。

図72　図70の2図～3図部分拡大。ほぼ同じ部分だが、日月旗「日旗」太陽の部分に改印が！　銃剣先だけで画いた前衛銃隊は日月旗にまでも続く。

図73　日旗太陽に改印が。

もありません。芳藤が清吉の賛同を得、掛名主が清吉に指定され、芳藤の意図を推し量ったうえで、ニヤリと笑って押したのです。

　改印は同月のものでも直径7㎜から1㎝まで色々ですが、国輝〔図69〕の日旗太陽は径4㎜しかありません。そこで芳藤は日旗太陽を、一番小さい改印が押印できる径7・5㎜まで大きくし、板元清吉を通じ、掛名主に場所と改印の大きさを指定したのです（3図上部「よし藤画」のうえにある改印は径が9㎜あります）。錦旗日月旗は「朝威」のシンボル、その権威を虚仮にする。しかし東幸中の今、できることはこれくらいだよね、といった、いかにも茶目っ気たっぷりの芳藤らしい発案に、板元・掛名主が同意した、笑いを誘う《抵抗の連携プレー》です。

　拡大図〔図71〕・〔図72〕の全体をもう一度比較して見ると、芳藤は呉服橋を渡る前衛隊の銃剣先だけを針が並んでいるように、しかも国輝よりもずっと増やし、日月旗のところまで画いています。一見華やかな東幸行列に、物々しい警戒が必要だったという実態を、目立たぬ形で強調したのです。前衛銃隊の規模は、『東巡日誌』によると、長州兵隊3分の1大隊、伊予大洲《おおず》藩兵隊3小隊、間に大洲藩主加藤泰秋《かとうやすあき》が騎馬で入り、また大洲藩兵隊、続いて土佐藩兵隊半大隊と続きます。大隊・小隊の人数は一定していませんが、およそ小隊30～60人、大隊300～600人ですので、平均値をとると、合計500～600人前後です。何列縦隊での行進かも不明ですが、かなり長かったことは確実です。

　さて、芳藤が国輝よりも仮想視点を下げた〔図78、赤三角70〕のは、通過中の鳳輦《ほうれん》と拝礼する町人を大きく画くためですが、鳳輦が近づいてくると、町人が手を降ろしたまま顔を上げ、視線を鳳輦頂部の鳳凰へ一斉に注ぐ姿を画き込みました〔図74〕。また、1図には行列が左折した先だけを画き、角の日本橋高札場前広場をカットしました。ここに集まった拝礼群衆を入れたくなかったのでしょう。また、芳藤は鳳輦の後ろに入れた後衛銃隊も丁寧に画き、西洋帽を被った兵と獣毛の髪飾りを付けた兵を画いています〔図75〕。この描写が極めて写実的であることが、リッカービイがジャパンタイムズに載せた報告で判ります。

"Here might be seen one with an old European felt hat, but enormous shock wigs of horse hair, black or gray.

馬毛（熊毛）の髪飾りは他の行列図にも多く画かれていますが、"old European felt hat"らしい銃剣兵の帽子は、芳藤以外には画いていません。

図74　図70の2図部分拡大、町人の視線に注目。

図75　図70の3図部分拡大、西洋帽と獣毛髪飾り。

鳳輦の形状も他の行列図の鳳輦に比して格段に精度が高いですが、青紫の無地であるはずの帷《とばり》が赤と黄の模様地になっています。御羽車《おはぐるま》の画き方は独特です。図50の解析で述べたように、本当は屋根は布で覆われ、「四角い箱」に見えたのですが、そう画いたのでは、これが内侍所《ないしどころ》を運んでいる御羽車だとは判らないため、多くの絵師は葱華《そうか》を画いたのですが（135頁コラム3参照）、芳藤は、屋根を丸く画くだけにして、実際には頂部の葱華が見えなかったことを記憶に留めたかったのでしょう。

図76　表Ａ№16「東京日本橋御高札場之図」、大判3枚続、「辰十改」、絵師3代広重、板元平野屋新蔵、東京都江戸東京博物館蔵。

図77　表A№17「東京名勝図会　日本橋御高札」、大判縦1枚、「辰十改」、絵師3代広重、板元平野屋新蔵、東京都立中央図書館特別文庫室蔵、東京誌料。

「東京《とうけい》日本橋《にほんばし》御高札場《ごかうさつば》之図《のづ》」〔図76〕と、「東京名勝図会　日本橋御高札」〔図77〕は、どちらも絵師が3代広重、板元が平野屋新蔵です。東幸行列は日本橋高札場前には入らず、高札場石垣の手前で左折し、呉服橋へと進みましたので、両図とも東幸行列図としてはあり得ない図です。改印がどちらも10月ですので、どちらも着御《ちゃくぎょ》前の想像図かと思えますが、解析すると着御後と判明します。

単なる名所絵ならともかく、報道錦絵で、同じ板元が同じ場所を同じ絵師に依頼するということはあり得ないでしょう。図76には「応需」とあるのでこれは依頼ですが、図77は、図43〔76頁〕・図51〔90頁〕と同じ、縦1枚の「東京名勝図会」シリーズで、板元の依頼ではなく3代広重による発案です。

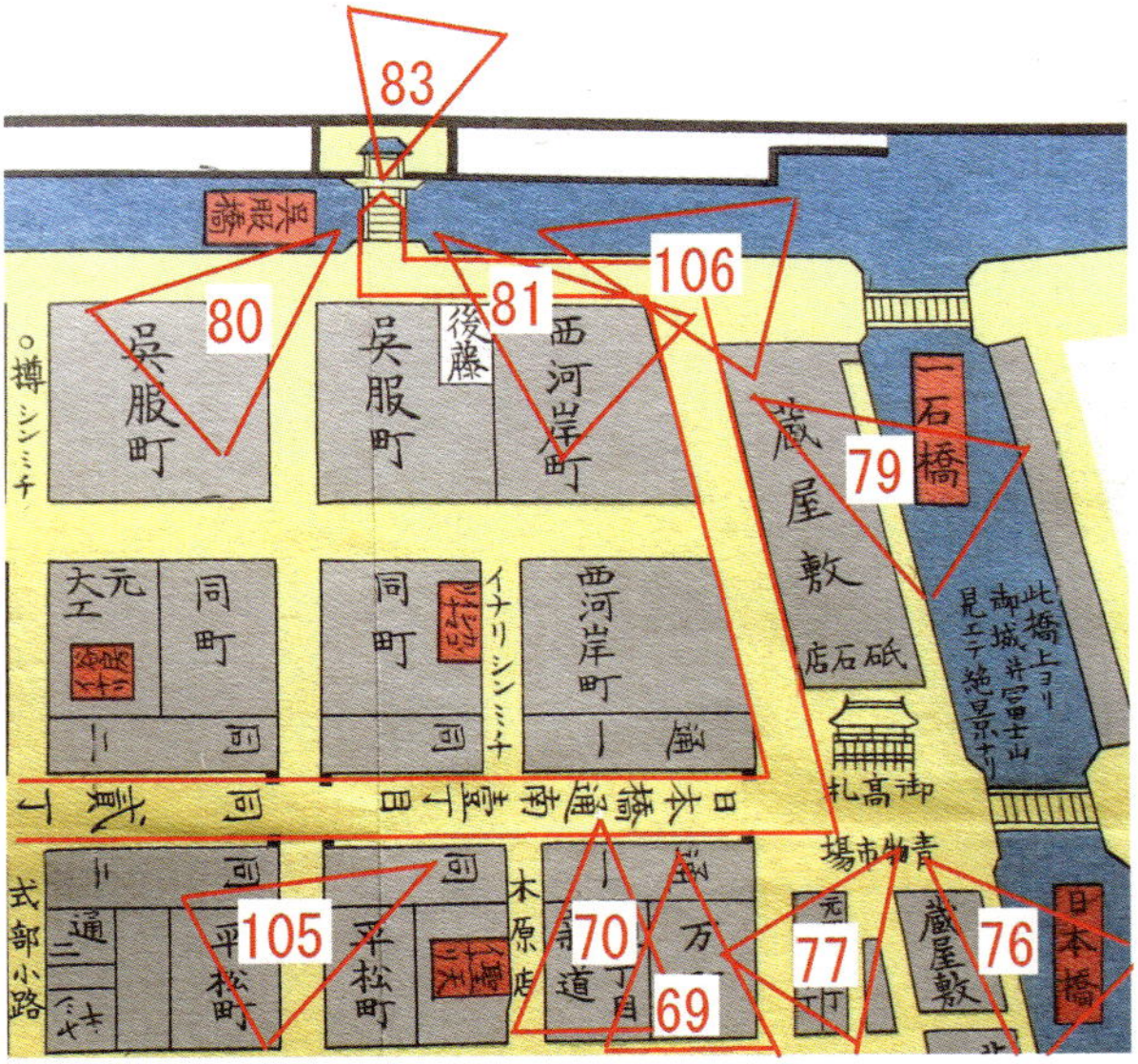

図78　通1丁目から呉服橋門へ至る東幸路と各行列図仮想視点。

着御後に、行列図としてはあり得ない図柄を、写実性を重視する3代広重が画いた謎を解くカギは平野屋新蔵の店、日本橋万町《よろずちょう》です。図76も図77も、毎日平野屋が目にしている場所です。万町の角から出て元四日市町から高札場前広場を進み、橋寄りから南西方向に目を向ければ、図76の画面となり〔図78、赤三角76〕、元四日市町の端から、広場と橋の南端北西方向に目を向ければ、図77の画面となります〔図78、赤三角77〕。

3代広重は着御前9月に、日本橋通2丁目丸屋鉄次郎に頼まれ、行列が日本橋を渡る想像図を画きました（「日本橋勝景」〔図33〕63頁）。日本橋に近い板元は東幸行列が橋を渡る光景をよほど期待していたようで、平野屋も同じ思いだったようです。しかし広重は「日本橋勝景」と違い、今度は鳳輦《ほうれん》もほぼ正確に画きましたし、葱華輦《そうかれん》2輿も先行させました。しかも、実際には葱華輦の屋根は布が被さって見えないのを、葱華の付いた屋根を画かないと葱華輦と判らないために画くという、多くの方式を採用したうえで、前面の赤布に「内侍所《ないしどころ》」と画き入れています。明らかに着御後の作です（135頁コラム3参照）。

ということは、着御後にもかかわらず、平野屋が眼前にある高札場——江戸町人自慢の広場——を行列が通行している図にして欲しいと頼んだのです。実際はこの高札場前広場に、日本橋北に広がる本町・神田鍛冶町・伝馬町などや、両国から筋違門《すじかいもん》にかけて扇型に広がる広大な範囲に居住する町人・職人が「群集」してきています。日本橋北から北西1㎞の神田雉子町《かんだきじちょう》（千代田区神田司町2丁目）に住む、町名主の斎藤月岑《さいとうげっしん》は13日の着御当日、「今日御臨幸《りんこう》御鳳輦品川より御着有之《これあり》、今日拝《おがみ》に出る、人夥《おびただ》し、松之介（月岑息子）つれ行んとし、今日は余りの群集故不行《ゆかず》、松之介もおかま《（拝）》ずにかへ《（帰）》る」と記しています。

3代広重は、やむを得ずこの現実を無視したうえで、画面には南端の擬宝珠《ぎぼし》までを入れ、橋そのものは画かず、日本橋渡りは「寸止め」にしました。ですが、この先の前衛銃隊や鼓笛隊は橋を渡っているはずです。あとで紹介する十二景シリーズに多い、一種の「虚構図」ということになります。

しかし、報道錦絵では事実性を重視してきた3代広重としては、頼まれたから画いたものの、気分は落ち着かないはずです。そこで、画いたのが「東京名勝図会　日本橋御高札」〔図77〕なのです。

とは言っても、これは東幸行列の先頭ではないはずです。これが行列先頭の鼓笛隊と前衛隊とすると、この後ろに続いているはずの本隊が、今、日本橋を北から渡っていることになります。ならば10月改の内、着御以前の想像図なのでしょうか？　それもあり得ません。いくら着御前としても、京からやって来る行列が日本橋を北から渡ると想像する江戸生活者はいません。でも着御後であれば、ここには町人が群集してきているはずですが、僅か4人の町人が、菊章旗を掲げて進む楽隊に、手かざしまでして「おやあんなのが来たよ」と、まるで緊張感が無いのです。「当日、行列にかかったら土間で拝礼せよ」との触が町人に徹底周知されていたことを考えても、これは行列先頭ではないのです。第一、楽隊（笛もいない）も前衛隊も、行列先頭部のそれよりずっと小規模です。3代広重は何を画いたのでしょう？

　この小隊は、日本橋北に広がる町人街に本隊到着よりずっと早い時間に一わたり回り、戻ってきた隊なのです。つまり彼らは、これから東幸行列が日本橋高札場脇まで来ることを、文字通り「鳴り物入り」で宣伝し、回ってきた広報楽隊なのです。なお、後述するように、国輝が「東京府呉服橋南通遠景之図」〔図83〕（139頁）で、類似の小隊を東京府警衛隊として入れていますので、この広報を担ったのは、第一章二3で述べた、東京府警備兵と思われます。

　齋藤月岑が「拝礼」を断念したほどに「夥し」い町人が群集したのも、彼ら広報楽隊の活動もあってのことだったのです。広重は、頼まれて「東京日本橋御高札場之図」を画いたものの、行列はこの高札場前広場は通らなかったという、日本橋近辺生活者なら誰でも知っている事実のほうも、しっかりと残しておくために、あえて日本橋北へ入った広報楽隊の行動を画いたのです。3代広重は、ここでも先に出した行列図を、この縦1枚ものシリーズで「先のは誤りです」とは言わない形で「修正」しています。同じ板元平野屋新蔵であれば、遠慮の思いも特に強かったはずです。

軍事参謀
英斎画
柳原彩地木屋佐右衛門板

図79 表A№18「東都呉服橋光景」、大判3枚続、「辰十改」、絵師英斎、板元木屋作太郎、浅倉哲家蔵。

東京名勝呉服橋之圖
常盤橋御門

図80 表A№19「東京名勝呉服橋之図」、大判3枚続、「辰十一改」、絵師3代広重、板元上州屋金蔵、郵政博物館蔵。

図81　表A№20「東京名勝図会　呉服ばし御門」、大判縦1枚「辰十一改」、絵師3代広重、板元平野屋新蔵、東京都立中央図書館特別文庫室蔵、東京誌料。

図79から図81までの3点と、続く図82と図83の計5点は、いずれも東幸行列が呉服橋門に入るまでを視野に収めた行列図で、ここまでが一般市民の拝礼場所として指定されたところです。

まず、**「東都呉服橋光景《とうとごふくばしこうけい》」**〔図79〕および、**「東京名勝呉服橋之図」**〔図80〕と**「東京名勝図会　呉服ばし御門」**〔図81〕の3点を見ていきます。

「東都呉服橋光景」の改印《あらためいん》は辰10月、板元木屋作太郎の店は日本橋高札場前や一石橋南へと人々が向かった地域の一角、神田柳原新地（神田須田町2丁目）にあります。作太郎は、戊辰戦争諷刺錦絵流行時には3代広重・了古《りょうこ》・芳虎《よしとら》などに依頼し、確認できるだけでも7点の諷刺錦絵を出した板元で、その一つが3代広重の「当世長っ尻な客しん」〔図12〕（31頁）です。絵師英斎《えいさい》は生歿年も師弟関係も不明ですが、同じ作太郎・英斎コンビで、天皇東幸中の11月に上野戦争を主題とした錦絵を出しています。

画像は、日本橋蔵屋敷の屋根上に仮想視点を据え、呉服橋を右に見たものですが〔図78、赤三角79〕、構図には無理があります。この低い視点で呉服橋方向を見ても、橋の大半は西河岸町角の屋並に遮られ見えないはずのところ、角を無視して繋げ、橋上を画きました。これは、行列先頭部の長い前衛銃隊が呉服橋門内に入っていく場面を画くことを意図した結果、視線の邪魔になる屋並を外したものと考えられます。

この画像の特徴の一つに、御羽車《おはぐるま》（葱華輦《そうかれん》）二つの画き方があります。この御羽車は、図50（89頁）で説明した通りの「正方形の二つの箱」形状で、全東幸行列図中でも図50以外にはこの図79しかありません。これにより、御羽車が芝神明宮から出てきて隊列を神明町の路上で組み直した時と、先頭銃隊が呉服橋門へ入り始めた時の、二つの時点で「正方形の二つの箱」に画かれたことになります。この二つの時点で画かれた形状が、高輪泉岳寺《たかなわせんがくじ》前でリッカービイが御羽車を"two square boxes"と記していたのと一致することにより、御羽車はこの形で府内全経路を通行していたことが立証されます。ですが、なぜか布の色は"covered with a red and yellow damask silk"（赤と黄の絹緞子で覆われていた）のとはまるで正反対の補色に近い、青緑色に画かれています。この理由は判りません。

一石橋南詰広場と呉服町前に、人の頭をただ豆粒のように画き、東幸行列を見に集まった群集の数を強調しています。また、この作画独特なのが、鳳輦《ほうれん》を担ぐ人々や周辺の従者たちを、後ろを振り向いたり会話を交わしたりしている姿に画いていることと、西河岸町の町人たちも、拝礼などはせずに行列を見物しながら会話しているように画いたことです。この光景が事実に近いか否かは即断できません。

次に、3代広重作の図80と図81を見ます。板元は図80が上野元黒門町《くろもんちょう》（台東区上野2丁目）の上州屋金蔵で、図81は縦1枚もののシリーズ平野屋新蔵板です。改印は共に辰11月です。3代広重で3枚続と縦1枚ものが同じ場所の場合には、3枚続を縦1枚もので修正するといったことが見られましたが、図80には特に事実と大きく異なる点は確認できません。それは、「応需」とか「応好」ではなく、ただ「広重筆」とあることで、場所指定のほかには特段の注文がなかったこととも関連するでしょう。

前後は断定できませんが、おそらく、広重の発案としての縦1枚シリーズで、「東京名勝図会　高輪大木戸」〔図43〕（76頁）で、府内に入る最初の場面を画いたことと対応させ、庶民が見られる範囲での東幸行列の最後を、図81で画いたあとに、上州屋金蔵から、同じ場所を指定しただけの依頼が入ったのでしょう。仮想視点は、図80が呉服橋の南から北西方向〔図78、赤三角80〕、図81が北から南西方向〔図78、赤三角81〕で、共に前衛銃隊が呉服橋門に入ったところを捉えています。3枚続の図80は橋上に葱華輦《そうかれん》2輿と鳳輦を載せ、呉服橋前の橋詰までを入れました。どちらも落ち着いた報道錦絵と言えます。

コラム3　葱華輦・内侍所

江戸の絵師たちが、鳳輦《ほうれん》に先立って現れた赤に黄の入った緞子《どんす》ですっぽり覆われた「二つの正方形の箱」を、多くは葱華輦《そうかれん》として画き、それを内侍所《ないしどころ》と理解できたのはなぜでしょうか？

まず、下図で示したように、江戸の旧幕臣が出した『公私雑報』の第5号（閏4月10日付け）が、大坂行幸の行列立《ぎょうれつだて》を記し、その上欄に挿絵を入れ、天皇がこの出御《しゅつぎょ》の際に乗輿していた「葱華輦」に先行し、それと類似の「葱華輦」形状の2輿を、「御羽車」として正確に報じていたためです。東幸の行列立にも、「御羽車」2輿が「鳳輦」に先行する位置にあるので、絹緞子の覆いの下は葱華輦形状の輿だと判るのです。

また、東幸行列には、「御羽車」2輿と近くの「辛櫃《からひつ》」に「内侍所」「内侍所御用」の札がありました。

「内侍所」は江戸の庶民世界に印象深く出てきます。『平家物語』の語りでは、「安徳天皇入水」の段と同じ巻に「内侍所都入」の段がありますし、江戸歌舞伎では、毎年11月の「顔見世興行」で決まって演じられる歌舞伎十八番の「暫《しばらく》」に、皇位簒奪《こういさんだつ》の主題に絡み、「内侍所に劣らぬ名鏡」とのセリフで出てきますので、この「内侍所」札を見て、「御羽車」と「辛櫃」とで、神鏡と関連御物《ぎょぶつ》を運んでいることが判るのです。

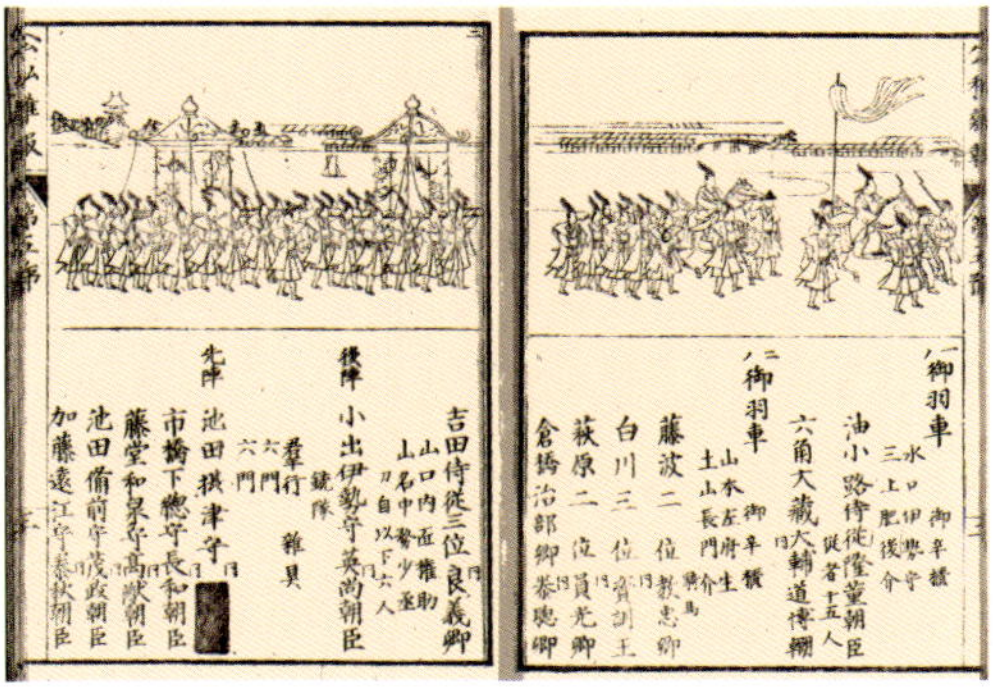

参考図3　『公私雑報』第5号2丁裏・3丁表、著者蔵。

東京府
京橋ゟ呉服橋ノ遠景

図82 表A№21「東京府京橋ヨリ呉服橋ノ遠景」、大判3枚続、「辰十改」、絵師一曜斎国輝、板元海老屋林之助、早稲田大学中央図書館特別資料室蔵。

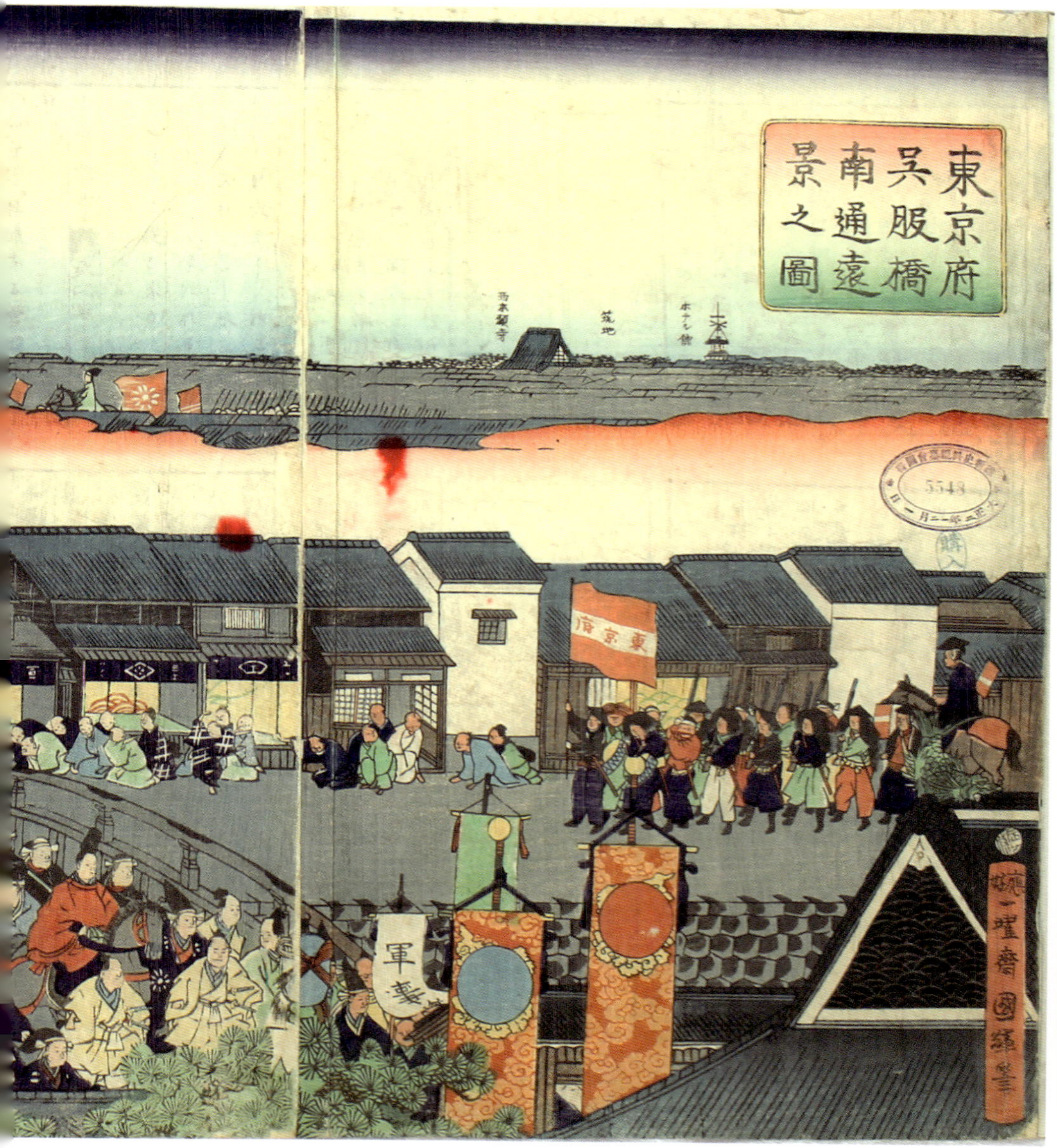
東京府呉服橋南通遠景之圖
西本願寺
築地
ホテル館
東京府
一曜齋國輝筆

図83 表A№22「東京府呉服橋南通遠景之図」、大判3枚続、「辰十一改」、絵師一曜斎国輝、板元加賀屋吉兵衛、東京大学史料編纂所蔵。

図79から図83までの5点は、いずれも呉服橋までを視野に入れているという点で一括し得るのですが、**「東京府京橋ヨリ呉服橋ノ遠景」**〔図82〕は、近景が京橋北詰だという点で、他とはかなり趣を異にしています。改印《あらためいん》は辰10月ですが、同じ国輝《くにてる》の改印11月の**「東京府呉服橋南通遠景之図」**〔図83〕と、鳳輦《ほうれん》・葱華《そうか》輦《れん》・軍事参謀旗などが同じですので、着御《ちゃくぎょ》後であることは確実です。板元は海老屋林之助、日本橋から北東に少し入った堀江町2丁目の住人で、戊辰戦争諷刺錦絵は出していません。応好とあるので、京橋を近景とし、先頭が呉服橋に入るところを遠景とするという提案は海老屋によるものでしょう。芳年《よしとし》が画いた9枚続は一直線の街路でしたが、この広汎な範囲を画くには、鳥瞰図を画き慣れている錦絵絵師でも、かなりの想像力を駆使しなければならないでしょう。江戸切絵図で確かめましょう。

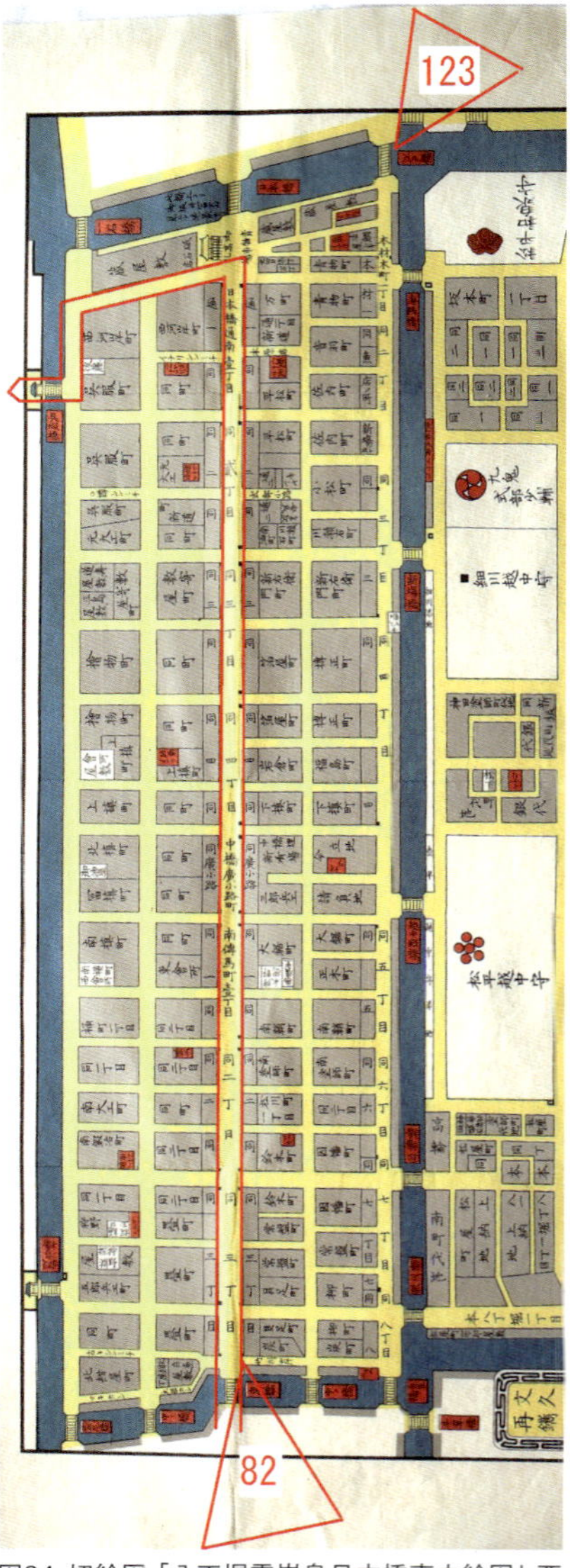

図84　切絵図「八丁堀霊岸島日本橋南之絵図」西側部分、南伝馬町3丁目から日本橋通1丁目で左折、西河岸町・呉服町から呉服橋門へ入る通行路と図82、および図123の仮想視点。

このように、視点を日本橋北詰の高所に置き、真北よりやや西に視線を向ければ、確かに遥か遠くの左方向に呉服橋を臨むことは可能です。この近景に鳳輦が日本橋を渡ったところを2図中央に画き、先頭が呉服橋門へ入ったところとしたのです。南伝馬町3丁目（京橋3丁目）から通1丁目（日本橋1〜2丁目）までの通町西側はすべて雲居で隠し、鳳輦の前を僅かに画いただけで通町を進む行列もすべてカットして、日本橋角を左折して西河岸町の蔵屋敷前あたりに葱華輦2輿を入れ、前方へと繋いでいます。

こうしてみると、かなり難しい注文を国輝は工夫して画いています。ですが、今までの行列図では、写実的な画法を重んずる3代広重にしても、また「抵抗」を画いて見せた芳藤《よしふじ》にしても、さらには芳年《よしとし》の9枚続にしても、葱華輦と鳳輦の間はほとんど空いていません。国輝がカットした通町の大部分は約1㎞にもなり、鳳輦と葱華輦の間はそれ以上ということになります。こう考えると、国輝のこの図は根本的に無理があるように思われますが、実は行列立を見ると、御羽車2輿も、いくつかの行列図のような横並びではなく、本当は間に2人の高官と「呉床《くれどこ》」（木製長椅子）、「簀薦《すごも》」（清浄な場に敷く竹と絹製の敷物）などの道具が入り、縦に続いています。そして、後ろの御羽車《おはぐるま》から鳳輦までの間には、道具だけでも「辛櫃《からひつ》」（内侍所関連祭器御物入れ）5つ、「簀薦」3つに「内外印櫃《いんびつ》」（天皇の御璽《ぎょじ》を入れる櫃）が入り、さらに、政府高官22人、他の官人14人（内4組は横並び）、それに従う従者らもたくさんいて、やっと鳳輦が出てくるのです（最初に確認したように、行列立は京都出立時のものですので、政府高官の多くは騎乗になっているものと思われ、また全体として減ってはいないはずです）。

これが距離にしてどれくらいになるかは定かでありませんが、行列立の丁数と高官数全体から考えて、およそ総人数2350人の半分近くを占めているようなので、ざっと1000人がこの間にいるようです。

騎乗の政府高官が多ければ間隔は開きますが、下級従者の多くは横に何列にも重なっていますので、１km超は開きすぎとは思えますが、少なくとも葱華輦（御羽車）のすぐ後ろに鳳輦を画く他の行列図よりは、遥かに事実に近いことになるのです。

こうしてみると、板元海老屋林之助の難しい注文意図は、他の行列図が鳳輦と御羽車という目立つものに焦点を合わせすぎるために行列全体の長さが伝わらず、行列の長さを強調して欲しくて、「京橋ヨリ呉服橋ノ遠景」を依頼したのだったのだと思われます。一見して視点が定まっていないような、何とも不思議な画像のように見えるのですが、国輝は、むしろ難しい注文に良く応えたというべきでしょう。

しかし、国輝は写実性を重視する絵師とは言えません。そのことが顕著に表れているのが鳳輦の画き方です。着御前に画いた３つの想像図は問わないとして、この図82を含め、着御後に画いた図69（１１５頁）、次の図83・図88・図１０１（１６４頁）、そして着御後虚構図の図１０９・図１１１（１７０頁）・図１１２（１７１頁）と、全８点の鳳輦がある作品すべてで、屋根を漆黒に画かず、赤みを帯びた黄金色にし、帷《とばり》もそれと同じ色の金属のように画いています。歓迎する気持ちの強い国輝のセンスでは、「朝威」は漆黒ではなく黄金のほうが似つかわしいのでしょう。

ただし、京橋北には「従是東京府附岩永吉左衛門」の榜示杭《ぼうじくい》を入れ、芳年が図53（99頁）で記した「東京府御用掛」の杭に、事実通りに管区警衛隊長の姓名も記しています。

同じ国輝の**「東京府呉服橋南通遠景之図」**（図83）は、3図が辰11月改で、1図が10月改、月代りの時で開板は11月です。板元加賀屋吉兵衛は両国広小路に面した米沢町1丁目（中央区東日本橋2丁目）の店借りです。加賀屋も戊辰戦争諷刺錦絵に参画した形跡はありません。1図に「応好国輝筆」とありますので、

図85　図83の2図部分拡大。行列の終わりに通町を進む後衛銃隊の銃剣先。この拡大部分のさらに前方にも後方にも、銃隊の銃剣先が画き込まれている。

これも板元加賀屋の場面設定に注文が加わっています。「呉服橋南通」という通り名は確認できず、仮に呉服橋から鍛冶橋までの外堀沿いの道としても、そこは通行路ではありませんので、この「呉服橋南通遠景」という注文は、呉服橋から南方向を見て、通町を行列が通行する光景を遠景として画く、という意図と思われます。

国輝はこの注文に対し、仮想視点を、当日は一般町人は入れない呉服橋御門内側の高所に設定し、東南東に向けました〔図78〕（125頁、赤三角83）ので、画題よりは東寄りとなりましたが、呉服町から日本橋方面を鳥瞰的に望んだうえで、画面3図の最右端から2図のすべてと1図の左端までに、通町を進んでいる後衛隊の銃剣先を、雲居で区切って画き入れることで、南通遠景としたのです〔図85〕。

これに対し、前衛隊のほうはすでに門内に入り、錦旗2旒《りゅう》、軍事参謀の旗、緑地菊紋錦旗、いくつかの騎乗のあとに葱華輦を、ここでも縦に二つ続けて画いています。ただし、あとに続く鳳輦をそれほど離してはいません。

実はこの図に、重要な事実が画き込まれています。まず1図に「東京府」の小旗を掲げた警備兵が画かれています〔図86〕。芳年が9枚続の行列図に、「東京府常備兵」の小旗を画き込んではいましたが、東京府による警備兵配置を実際に画き入れた東幸図は、同じ国輝の「東京十二景内桜田」〔図109〕（169頁）と、「東京府名所之内日本橋南通呉服橋之景」〔図69〕（115頁）だけなのです。

また、呉服橋を渡り始めた隊に、「内侍所」「内侍所御（用）」と記した札が4枚も

図86 図83の1図部分拡大。「東京府」の旗を掲げた警衛隊。第一章で触れた「辻固兵隊配備」の一環と思われるが、鼓笛隊・行粧が事実か否かは不明。

図87 図83の3図部分拡大。「内侍所」「内侍所御用」の札。後ろの葱華輦と、背のみが画かれている「辛櫃」に、内侍所と関連御物が収められている。

画き込まれ〔図87〕、その後ろに葱華輦二つが続いています。よく見ると、札のところに荷の背のようなものが二つ画かれています。同じ国輝が「東京十二景」シリーズの「六郷渡し」〔図101〕（164頁）で、「内侍所」の札を「辛櫃」近くに画いているので〔図107〕（167頁）、この荷の背は辛櫃と判ります。また、3代広重の「東京日本橋御高札場之図」〔図76〕（123頁）では、「内侍所」の札が「葱華輦」の布に貼られているように画かれていました。「内侍所」という語は、江戸庶民の世界でも、実質的には「神鏡」を意味する語として定着していて、その札が、「辛櫃」と「二つの正方形の箱」のように見えた「御羽車」の近くにあったことで、「御羽車」と「辛櫃」とで「神鏡」と関連祭祀御物を運んでいることが判り、広く市民に知らせる意味も込め、画き込んだのです（135頁コラム3参照）。

なお、国輝に作画を依頼した板元は、想像図、図25（53頁）の山本屋平吉と同じく、想像図の図32（61頁）の大黒屋金之助および着御後図69（115頁）の大黒屋平吉、それとこの2点、図82の海老屋林之助と図83加賀屋吉兵衛を含め、次の図88の辻岡屋文助、そして東京十二景シリーズを企画した蔦屋吉蔵、以上7板元ですが、この7板元とも官軍批判が込められた戊辰戦争諷刺錦絵の板元としては確認できません。それらの板元が、絵師一曜斎国輝を画工として選んだということは、やはり、国輝があの8月の想像図、「東京江戸品川高輪風景」〔図25〕に画き込んだ「神々の出迎え・警衛」が、多くの板元に強く印象に残り、東幸歓迎の意志が強いとみて、選んだものと考えて良いでしょう。

そうであれば、「東京府常備隊」による警衛を画き入れたり、後衛隊の銃剣先を並べたりしたのも、8月の想像図の頃とは違い、今もって歓迎したくない市民や抵抗を覚える市民が多いことを知らないためではなく、それらを警戒する必要があることも認めての画き込みのように思えてきます。

東京名所圖繪

図88　表A№23「東京名所図絵」、大判3枚続、「辰十改」、絵師一曜斎国輝、板元辻岡屋文助、浅倉哲家蔵。

「東京名所図絵」〔図88〕も絵師は国輝《くにてる》です。板元は両国横山町3丁目〔日本橋横山町から東日本橋2丁目近辺〕の辻岡屋文助〔辻文〕です。

「東京名所図絵」？　題名だけでは場所が判りません。改印《あらためいん》が10月ですので、同じく題名からは場所が判らない「東京風景図」〔図32〕（61頁）と同様、着御《ちゃくぎょ》前か？　とも思いますが、画像は図32と根本的に異なり、明らかに特定空間を画いています。しかも、一見して鳳輦《ほうれん》が江戸城西丸に着いたところではないか？　と想像できます。しかし、そこは普段でも一般町人はとても入れません。まして着御当日は、町人は呉服橋門の前までの出迎えで、「鎮将府布告留」と「御東幸御鳳輦御道筋覚」によれば、呉服橋門内大名小路〔図89(2)エリア〕内では、呉服橋近くの南側〔同図①〕に六等官以下、和田倉門近く〔同図②〕に四～五等官、同北側〔同図③〕に無役の諸侯が迎え、和田倉門内西丸下〔同図(3)エリア〕内では、坂下門前〔同図④〕に三等官以上と諸侯とが迎えることになっていますので、その先の西

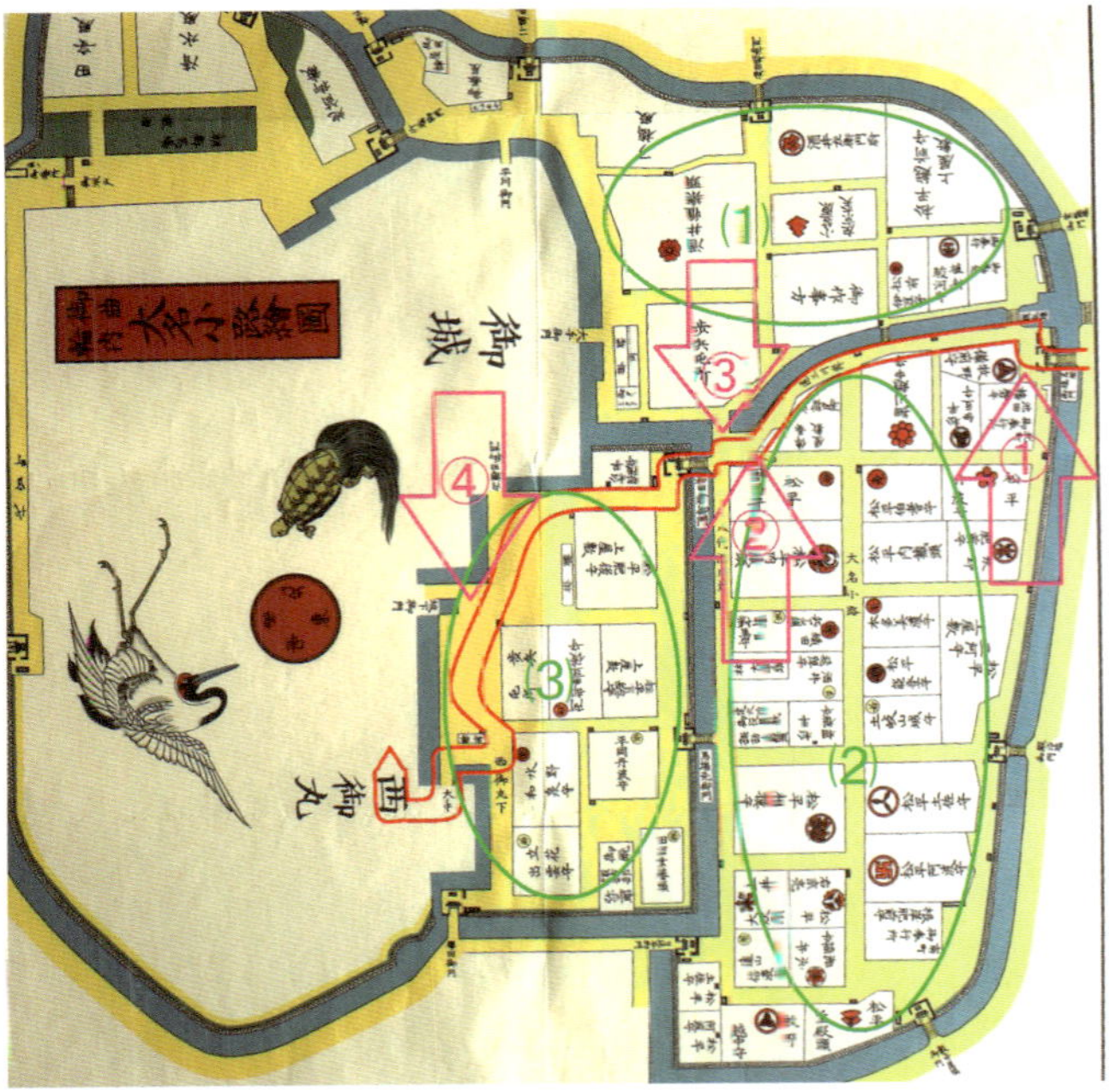

図89「御曲輪内大名小路絵図」、赤線は行列順路。①～④の各赤矢印は官位による拝礼位置。緑枠円は切絵図内各エリア、(1)大手前、(2)大名小路、(3)西丸下。

丸大手門を入った先、西丸表玄関前の広場に入った鳳輦を迎えたのは、最高位の在東京政府高官らであろうかと思われますが、文書史料での確認はできません。ですが、この錦絵中に、拝礼人がいずれも高位の武家を思わせる熨斗目麻裃《のしめあさかみしも》の正装で、厳粛に迎えている姿が画き込まれていますので〔図90〕、やはり西丸表玄関前の可能性が一段と高まります。そこで元治元年（1864）の「江戸城西丸仮御殿絵図」〔図91〕を見ると、その南東部分にある表玄関前が、完全にこの画像空間に一致しました。西丸大手門から入って右へ回り込んで図面左の御書院門渡りから入り、右から回って鳳輦が表玄関に面したところなのです。次に、正面玄関の屋根は、城郭建築の「唐破風《からはふ》」を下から見上げたところに見えますので、これも幕府作事方大棟梁甲良筑前《だいとうりょうこうらちくぜん》が同年に設計した「西之丸仮御殿普請絵図」中の「御玄関御正面建地割」〔図92〕で見たところ、まさしく唐破風の造りでしたので、間違いなく西丸表玄関前であることが確証されました。しかし、この玄関前広場に町人は入れません。城内勤務の幕臣さえこの表

図90　図88の3図部分拡大。拝礼する高位の武家。

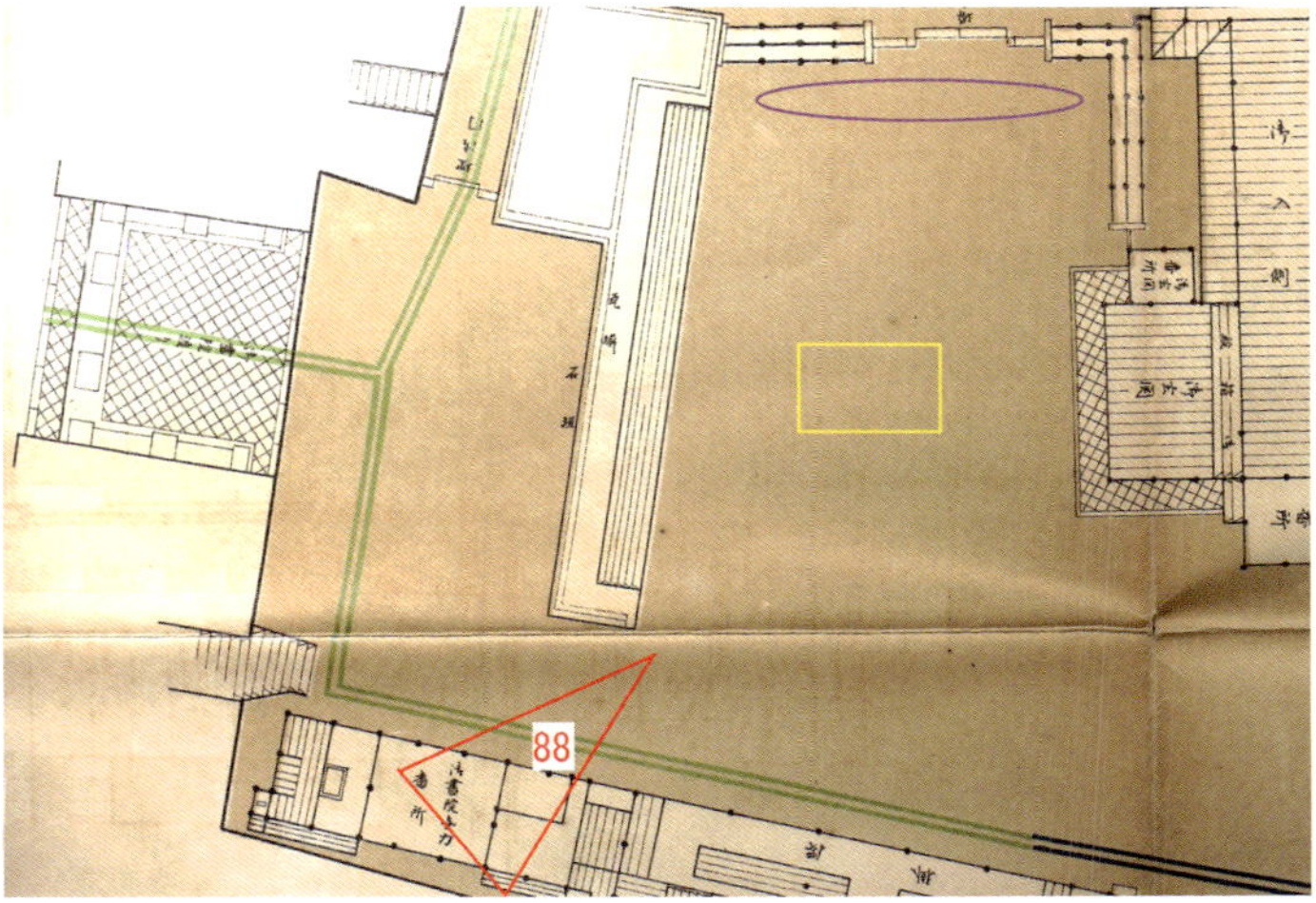

図91「西丸仮御殿絵図」（『東京市史稿 皇城篇附図』）。黄四角は鳳輦、紫長円は拝礼高官、赤三角は仮想視点、緑と青の二重線は図面にある下水溝の位置。

図92「西丸仮御殿御玄関御正面建地割」、西丸玄関立面・断面図。図面中央左側に唐破風の立面図、右がその断面図。東京都立中央図書館特別文庫室蔵、東京誌料。

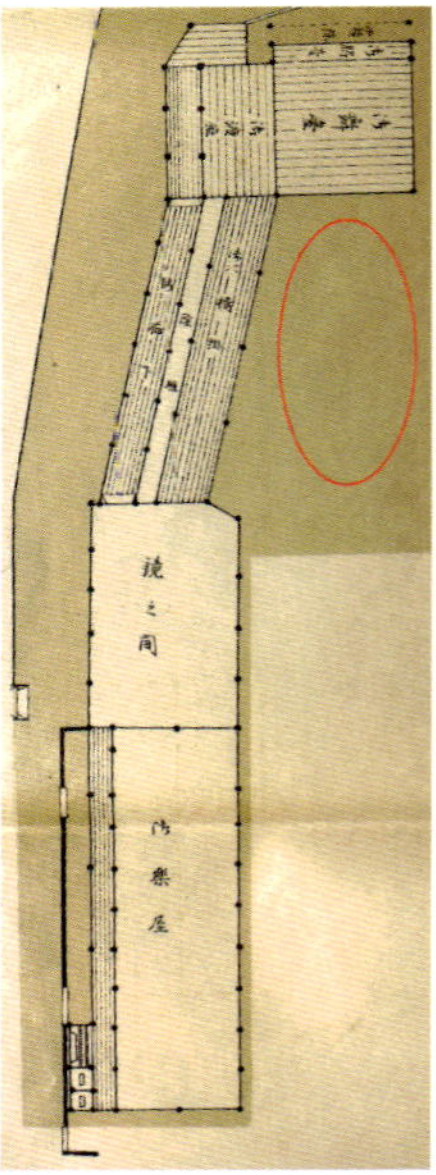

図93 西丸仮御殿能舞台。赤丸が町人拝見場。

玄関前から登城することはなく、ここから登城するのは諸大名だけだったはずです。

ただし、町人が江戸城の中に入る機会がなかったわけではありません。「町入能《まちいりのう》」（お能拝見）の際には、城内能舞台脇の庭に入ることが許されました。芳年の「其参東京府銀坐通之図」〔図54〕（101頁）解析で述べたように、能は武家の式《しき》楽《がく》でしたので、町人世界で演じられることはなかったのですが、将軍の代替わりや、幼君の誕生・元服・婚礼などの祝儀、日光法会などに伴って、江戸城内で能が催され、その能を町人に拝見させたのです。慶応と改元する直前の元治2年（1865）4月に西丸でおこなったのが最後で、本丸能舞台脇より狭いために半減されたのですが、それでも2500人弱の町人（家主）が交代で「お能」を拝見しました。西丸仮御殿の能舞台は、表玄関〔図91〕の西方（図面より上方）に、さらに西に延びたところに造られていたのです〔図93〕が、間は「埋門《うずみもん》」と「塀重門《へいがさねもん》」とで閉じられ、能舞台脇の白砂（〔図93〕赤丸部分）に入った町人も、この空間を見ることはできなかったはずです。

しかしこの画像を見ると、唐破風に付けた透かし彫り物を「鳳凰」が迎える図に画いたことは国輝の創作としても、当日の玄関前の光景を聞きながら国輝が板下を画いたのではないかと思うほどに、画かれた空間は絵図面のスペースと完全に合致しています。となると、この場所で拝礼している、在東京政府高官の誰かが、国輝に光景を伝えたのではないか、とさえ想像されてきます。

でも考えてみれば、それはあり得ることかもしれません。なぜならこの年3月9日、京都新政府は太政官代に少年天皇を行幸させ、勅旨《ちょくし》として「巣窟未タ平カズ」（『太政官日誌』第五号）と断じ、その線で江戸総攻撃路線を進め、14日に、「本書のはじめに」で触れた「御宸翰《しんかん》」を発し、海路を通じて江戸総攻撃を支援するという大坂行幸へ布石を打っていたのです。その賊徒の「巣窟」だった西丸に、「勅使」などではなく、ついに天皇自身が入るという決定的瞬間を、すでに10月内にいくつも出ていた東幸行列図の終着点を飾るものとして、政府高官が板元に働きかけ、想像図の時から東幸歓迎視点で画いてきた国輝に画かせた、ということはあり得ることです。3図に、「応需」も「応好」も無く「一曜斎国輝筆」とあり、さらに1図右脇に「国輝筆」と画き入れたことも、何らかの教示を得たことを暗示しているように思えます。

こうした作画経過はなお推測の域を出ませんが、ともかくも何らかの情報を得て、鳳輦西丸到着という東幸行列の、見ることのできなかった決定的瞬間を、国輝は誇らしく画いたのです。画題を「東京名所図絵」としたのは、西丸大手門の先は「御城」そのものであるため、切絵図には吉祥《きっしょう》の「鶴亀」を画くだけという場所で、「西丸御玄関前」との表記は畏れ多いため、と考えることもできますが、この場合はそれ以上に、そもそも見ることが許されなかった場所を画題にするわけにはいかなかったからです。

次に、「無題」（仮題「行列編成記録図」）〔図94〕を紹介します。改印《あらためいん》は辰11月で板元は古賀屋勝五郎です。古賀屋は、半年前の5月上旬に、緊迫してきた上野情勢を見て、ひと月半前に起きた、北陸道先鋒軍が寛永寺《かんえいじ》に大砲を向け、転陣を強要して頓挫した事件を、広く江戸市民に知らせようと、「江戸名所之内上野図」を歌川芳盛《よしもり》に画かせて発行した板元です。危惧した直後、15日の官軍砲火により、名所上野は破壊されます。勝五郎は怒りに震え、もう江戸に名所上野は無い、と板木から「江戸」を削り取り、改版を出したほどの板元です（拙論F参照）。

その勝五郎が、東幸行列図を芳藤《よしふじ》に依頼したのです。芳藤は「東京府通町ヨリ呉服橋之遠景」〔図70〕（117頁）で錦旗日月旗の日旗太陽に改印を入れた絵師です。改は同じ11月ですので前後が判りませんが、後述する理由

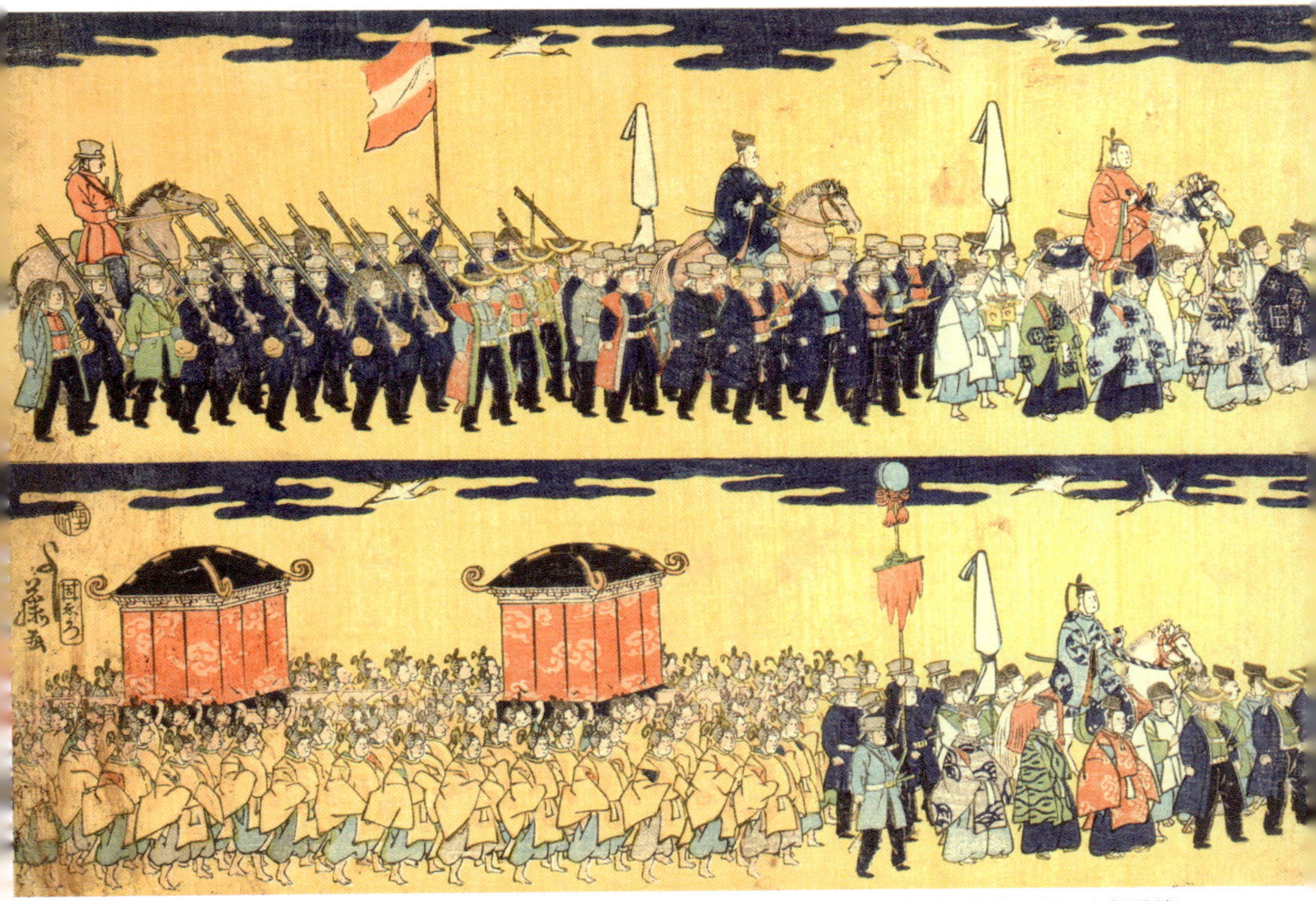

図94　表A№24無題「行列編成記録図」、大判横2枚続、「辰十一改」、絵師歌川芳藤、板元古賀屋勝五郎、宮内庁書陵部宮内公文書館蔵。

で、こちらがあとの作ですので、勝五郎は見たうえで頼んだと考えられます。それに、芳藤が閏4月に官軍と天皇を鋭く諷刺した作品「子供遊端午の気生」〔図11〕（31頁）は、当然見ているはずです。それどころか、古賀屋は芳藤とコンビで、6月に「子供遊皐月のたわむれ」という諷刺錦絵を出しているのです〔図95〕。それは「子供遊お山の大せう《（将）》」とのセットで、5月の上野戦争と今戦われている東北戦争を重ねて画いたものです。この「子供遊皐月」では、会津・桑名・庄内の旧幕側を勇ましく画く一方、天皇を尾張藩に負ぶわれた幼児にし、旧幕側に「かかれー」と、小さな采《さい》を振っている姿に画いています（詳しくは拙著Bをご参照下さい）。

　僅か5ヵ月前に激しい官軍・天皇諷刺を出した絵師とコンビの古賀屋が、実際に天皇が今東京にいて、つい最近も日旗太陽に改印を

図95　絵師歌川芳藤、板元古賀屋勝五郎、大判2枚続、「子供遊び皐月のたわむれ」、「辰六月改」、玉川大学教育博物館蔵。画面左上、負ぶわれながら小さな采を振っている子が天皇。

入れさせた芳藤を、あえて選んで依頼したその意図はどういうものでしょうか？　芳藤の出した結果から考えます。

芳藤は、大判を横に2枚繋げ、1枚を上下に分割して下段右を先頭、上段左上を後尾とし、2段のミニ絵巻のようにしました。そして行進場所を意味する町並みも拝礼見物人も一切画かず、ただ行列立を圧縮したような行進図に仕立てました。おそらく、古賀屋が芳藤に依頼した趣旨は、他と同じような東幸行列図ではなく、ただ東幸行列の隊列としての特徴を画像として残しておくことだったのだと思われます。

鳳輦《ほうれん》の形はどの行列図よりも実際に近く、「東京府通町ヨリ呉服橋之遠景」〔図70〕（117頁）では、帷《とばり》の色を赤と黄に画いたのを、ここでは事実通りの青紫無地に直しました（これでこの作があとと、まずは推定できます）。葱華輦《そうかれん》は前と同様に、葱華を付けない丸屋根にし、実際には屋根の葱華が見えていなかったことを記録しています。

ただ、鼓笛隊ドラマーの左手だけでなく、右手も甲を下に画いています〔図96〕。ドラマーの後ろには他の行列図には見られないラッパ手も入れました。4月に有栖川宮《ありすがわのみや》大総督が入城した行列には、各藩隊列ごとに洋式軍楽隊がいて、その様子を藤沢で見た少年は、尾張藩の隊列先頭にいたラッパ手を肉筆で描いていました。芳藤も、この時のラッパ手が印象に残り、ここにもいたかと思い、画いたのでしょうか。

事実と異なる箇所はあるものの、西洋帽と獣毛髪飾りの前衛隊、葱華輦を縦に2輿続け、辛櫃も入れ、鳳輦をメインに据え、後衛銃隊も入れました。行列編成を圧縮して残す記録図にしたのです。しかし、背景を金色にし、敢えて紫雲の縁取りを施したことに、芳藤の「屈服」が窺えます。またこれにより、この作があと、と決まります。錦旗に改を入れたことに如何なる咎めがあったのか、史料はまだ見つけていませんが、もはや抵抗は画けないと、芳藤も自覚せざるを得ない状況に追い込まれたことを、この記録図は物語っているように思えます。古賀屋もそれは同然でしょう。先頭に日月2旗を画かずに菊章旗一つとし、ダブダブした錦旗を画いたのは、せめてもの鬱憤晴らしでしょうか。紙背から、新たな権威の重圧に、絵師・板元の呻吟する声が聞こえてきます。

図96　図94の右図下段部分拡大。鼓笛隊ドラマーとラッパ手。

東京名勝
本郷之風景
武蔵国一宮

図97 表ＡNo.25「東京名勝本郷之風景」、大判3枚続、「辰十一改」、絵師3代広重、板元海老屋林之助、早稲田大学中央図書館特別資料室蔵。

図98　表A№26「東京十二景本郷」、大判横1枚、「辰十一改」、絵師3代国政、板元蔦屋吉蔵、国立歴史民俗博物館蔵。

②氷川行幸行列図――「御小休」の前と後

第一回東幸による東京滞在中、天皇は10月27日に武蔵国一宮《いちのみや》氷川《ひかわ》神社へ行幸し、28日に幣帛《へいはく》を奉じ、29日に東京城へ戻ります。この氷川行幸を画いた行列図が2点あります。どちらも本郷の旧加賀藩邸赤門前を設定していますので、氷川神社へ向かう途中、前田邸での「御小休」を題材としたものです。2点を比較しながらそれぞれの特徴を見ていきましょう。

「東京名勝本郷之風景」〔図97〕と**「東京十二景本郷」**〔図98〕、どちらも改印《あらためいん》は辰11月で、絵師は図97が3代広重、図98が10月の早い時期に想像図「東京袖ケ浦景」〔図26〕(55頁)を画いた3代国政《くにまさ》です。板元は図97が堀江町2丁目の住人、海老屋林之助で、図98は、東京十二景シリーズ全体を企画発刊した蔦屋吉蔵です。

氷川行幸に先立ち、10月17日、政府は詔勅《しょうちょく》をもって「神祇を崇め祭祀を重んずるは皇国の大典にして政教の基本なり」との立場から、「祭政一致の道を復さん」との目的を明示し、氷川神社を武蔵国の「鎮守」と定めると共に、以後毎年「奉幣使《ほうへいし》」を派遣すると宣言します（『東京城日誌』第一）。

第一回東幸中に東京城から、なぜ氷川神社への行幸が敢行されたのかについて、今まで、この詔書から天皇親祭や民衆の宗教意識の神道化を図ることが指摘されたり（安丸良夫さん）、関東民心の鎮撫を図ることが指摘されたり（村上重良さん）してきました。いずれも妥当な指摘ですが、やや一般的な説明で、氷川神社の歴史的性格との関係での説明がありません。行列図の説明に入る前提として、氷川神社の歴史的特徴を、社家であった西角井《にしつのい》家の文書数点から押さえておきます。

氷川神社は『延喜式《えんぎしき》』「神名帳《じんみょうちょう》」に「氷川神社名神大」と記されていたことから、「武蔵国一宮」と謂われるのですが、徳川家康の関東入府《にゅうぶ》以降、将軍家との関係が強化されます。幕末期の慶応2年（1866）、第2次幕長戦争の折、8月に「長防御征伐御勝利御祈禱」が執行され、戊辰内乱直前の慶応3年11月には、伊勢神宮のお札降りが伝わる中で、幕府のために「御武運御長久御祈禱」が執行されていたのです。しかし、倒幕勢力が「勤皇」の旗を掲げて武力倒幕の正当化を図る中で、神道思想が俄に擡頭《たいとう》してくると、氷川神社社家の角井出雲は機敏な対応をします。「官軍」が関東に向かってきた慶応4年3月には、早くも「官軍御下向ニ付陣中安全祈禱」が執行され、先鋒総督府に報告されます。

一方、多くの神社、特に古代以来の大社がいずれも本格的な神仏習合《しんぶつしゅうごう》状態にあったように、氷川神社も、幕末まで社内に観音寺以下1寺4院が存在していました。新政府が3月に神仏分離令を発令すると、畿内や新政府支配下に入った地域では、多くの神社で強引かつ暴力的な廃仏行為が引き起こされていったのですが、角井出雲は、迅速ではあっても柔軟な姿勢で臨み、観音寺が社僧として得ていた灯明《とうみょう》料などの権益や境内山林などの資産を放棄する代償として、金１００両の支度金を渡す旨などを7月までに決めます。社内からの仏教色除去もすでに終えていることを、事前に官幣使を派遣して把握したうえで、東京城内の政府中枢は、先の「詔勅《しょうちょく》」を発します。そして詔勅に続く「被仰出候事《おおせいだされそうろうこと》」で、氷川神社を「勅祭之社」と定め、当月下旬に「行幸御参拝」があると知らせたのです。つまり、今まで、何よりも幕府権力と徳川家に仕えてきた関東の大社氷川神社が、官軍下向時からすでに方向を見定め、新政府軍の安全祈禱をしていたことを重んじ、政府の直接支配下に置くと共に、祭政一致を図る国家祭祀の極めて重要な部分に位置づけたのです。この時、毎年勅使を参向させる「勅祭社」と定めたのは、新政府にとって、実はこれが最初のことだったのです。

氷川行幸にはもう一つ理由があります。東京城から氷川神社までの順路とその近辺には、第一章の二で少し触れたように、将軍家祈禱寺・菩提寺だった寛永寺領の村々1万石が散在し、さらに今一つの将軍家菩提寺増上寺《ぞうじょうじ》領もあり、それらの村々を中心に、官軍入府以来、反政府的な様々な歎願・行動が展開していたのですが、そのこともすでに十分把握している政府としては、沿道周辺各地民衆の人心を早く政府側に惹きつけるためにも、行幸を果たす必要があったのです。そのため、すでに品川までの東幸道筋でおこなった「70歳以上の者・孝子義僕職業出精の者・火災水難に罹った者」への「養老・旌賞《せいしょう》・賑恤《しんじゅつ》」を、25日に、全国の府藩県へ拡大するよう沙汰書を出していたのですが、その最初の実施を、この氷川行幸で沿道村民に果たします。氷川行幸というのは、以上のような目的をもって実施されたものなのです。

さて、図97と図98をご覧下さい。どちらも「御小休」の札がはっきり画き込まれているように、旧加賀藩前田邸での「御小休」を題材とし、本郷通り赤門前での行列の様子を画いています。

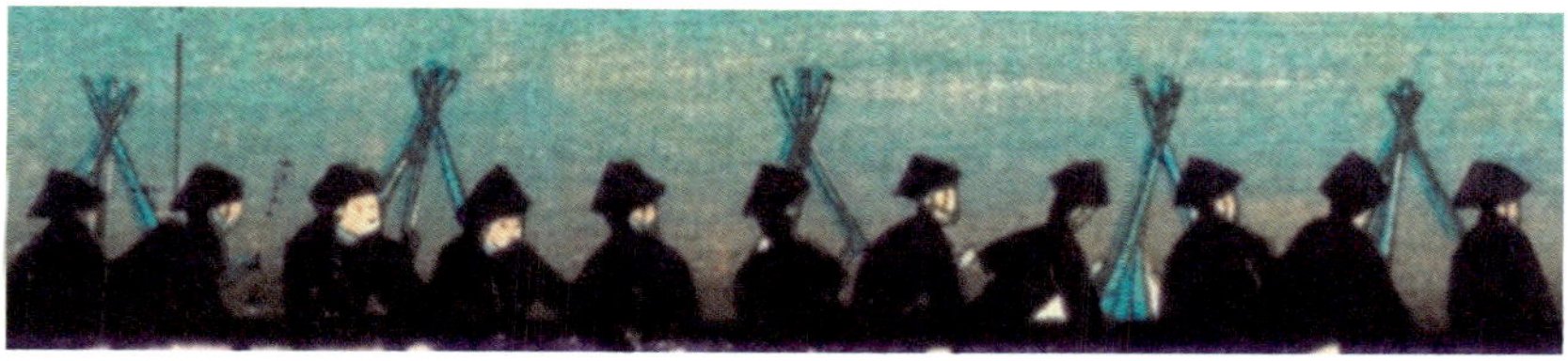

図99　図98の左下部分拡大。前衛銃隊が休憩に入っている。

図100　歌川芳員『図解調練独稽古』、「信地休憩」、「寅十改」、板元大黒屋金之助、国立国会図書館古典籍資料室蔵。

東幸行列時の「御小休」については、すでに「東京名勝芝神明宮之図」〔図50〕（88頁）と「東京名勝図会　増上寺大門」〔図51〕（90頁）で、増上寺での「御小休」について説明したように、この場合も行列全体が前田邸に入るわけではありません。前衛銃隊や供奉の下級従者らは、路上休憩に入り、「御小休」が終わって鳳輦《ほうれん》と政府高官らが出てきたら、路上で再度行列を組み直し、その先、氷川へと向かって動き出します。二つを見比べれば、図98がこれから鳳輦が前田邸へ向かうところで、図97は鳳輦が前田邸を出て、隊列の組み直しも済み、すでに先に進んでいる前衛銃隊らに続き、進み出したところを画いたものであることが判ります。つまり、時間的には図98が前で、図97が後の場面です。そのことは二つの錦絵の至るところに正確に画き込まれています。

図98左下部に、前衛をここまで務めてきた銃隊が銃を3本ずつ組み立てて休みつつ、本隊を見守る姿勢で画き込まれています〔図99〕、この銃を3本ずつ組み立てて休憩態勢に入るスタイルは、先にスネアドラムの説明で紹介した、歌川芳員《うたがわよしかず》の『図解調練独稽古』の中に「信地《しんち》休憩」として画かれたものと同じです〔図100〕。鳳輦の向こう側にも銃を右脇に抱え、坐《ざ》拝《はい》しながら鳳輦を注視している前衛隊が画き込まれています。本隊先頭の提灯持ち2人が、前田家家臣が多数出迎える中、扉の開いた赤門に向けて右に曲がり始め、「御小休」のため、邸に向かっています。

提灯は本隊先頭2灯のほかにも、錦旗日月旗の前2灯と鳳輦の前後に各2灯ずつ、6灯の高張《たかはり》提灯が画かれています。東京城大手門を出門したのは陰暦10月27日卯の上刻です。不定時法ですので陽暦12月10日のこの日はもう午前6時を少し回っていますが、まだ明けきってはいません。月齢27日の黎明前、月明かりはありません。先頭の提灯2灯と高張提灯6灯は、出門時には必要だったのです。大手門から和田倉門・神田橋門・筋違《すじかい》門を抜け、神田明神と湯島聖堂の間を通って前田邸赤門前まで、道なりに約4．5㎞、ゆるりと歩む鳳輦行列では1時間30分ほどもかかるでしょうか。朝の遅い冬もここまで歩めば、さすがに夜は明けています。ですが「御小休」はこれ以前にはありません。提灯を掲げたまま、ここまで歩んで来たのです。鳳輦の屋根を赤くして菊花を画き込んだあたりは、国輝と並んで歓迎する気持ちの強い国政の虚飾センスですが、ほかは極めて写実的な作画となっています。

一方、**「東京名勝本郷之風景」**〔図97〕には、縦3枚続を紫と白の雲居で上3分の1、下3分の2の上下に分け、下には「御小休」を終え、扉を閉めた赤門の前で前田家重臣の見送りを受け、鳳輦を中心とする行列本隊が隊を整え直し、本郷通りを歩み出したところを画き、上には「戸田川渡し船ばし渡ル」との説明書を付したうえで、すでに先を進んでいる前衛銃隊を船橋のうえに長々と画き込みました。

第一章に提示した氷川行幸経路図〔図17〕（40頁）で判るように、本郷赤門前から戸田川渡しまでは本郷追分から中山道へと入り、巣鴨《すがも》・板橋《いたばし》宿・志村《しむら》と続き、道なり12㎞余りもあります。今、前衛先頭が戸田川を渡っているとしたら、この本郷前の本隊近くまで、まだまだ前衛が延々と続いていることになります。いくら「扈従《こしょう》数百人に及」ぶとはいえ、それはあり得ません。甚だしい誇張です。もっとも、雲居による画面区分は地理上の省略を意味するとは限らず、寺院説教などで用いる「絵解き説教」の掛け図の雲居がそうであるように、時間上の経過を意味する場合もあります。ですが、その意味の雲居による区分だとすれば、前衛部隊が戸田川を渡る場面を、あえてワンシーン加えたことになります。どちらにしても、前衛部隊を強調していることに変わりはありません。この強調は何を意味するのでしょうか？

この行幸街路と周辺町村には、反政府的な行動を展開した町村が並んでいます。東海道先鋒総督軍が入城した翌4月5日、町人惣代名主90余名が全員加判のうえ、先鋒総督軍に不敵な歎願書を突きつけましたが、その町村には本郷・駒込《こまごめ》・巣鴨が含まれています。また、輪王寺宮《りんのうじのみや》を仰ぐ寛永寺領の町村、田端《たばた》・中《なか》里《ざと》・蓮沼《はすぬま》・志村なども広がっています。また4月下旬から閏4月上旬に、輪王寺宮の「天機伺上京」中止を求める哀訴歎願大行動を展開した町村、本郷・金杉《かなすぎ》・谷中《やなか》・日暮里《にっぽり》・尾久《おぐ》・田端・王子《おうじ》もこの周辺です。さらには、つい8月下旬にも、旧幕脱走兵約100名が板橋宿近くの寛永寺領四ツ葉《よつば》村村民の知恵により、この周辺村々へと解兵潜伏し、政府はついに探索できなかったのです（拙論F・G参照）。

数ヵ月前まで、官軍批判の諷刺錦絵をたくさん出してきた3代広重は、この氷川行幸の緊張感ある現実を表現したのです。そのため、鳳輦本隊が「御小休」を終え、本郷通りで隊列を組み直して動き始めた時に、前衛がすでに戸田川を渡っているように画いたのです。諷刺は止めても、報道性を重視するうえで、警戒厳重な行幸の現実を、余り目立たぬように強調する。やはり3代広重は相当な知恵者です。

なお、行列が目指す先が氷川神社であることは、1図の上部に画き入れた「大宮宿氷川大明神入口より社前迄半道有」との正確な説明書と、「武蔵一ノ宮」の大石・鳥居・参道入口で、明確に示しています。

上　図101　表A№27「東京十二景六郷渡し」、大判横1枚、「辰十一改」、絵師国輝。
※板元はシリーズすべて蔦屋吉蔵、またシリーズすべて国立歴史民俗博物館蔵。

下　図102　表A№28「東京十二景高縄」、大判横1枚、「辰十一改」、絵師国政。

上　図103　表ＡNo.29「東京十二景芝大門前」、大判横1枚、改見えず、絵師国政。
※12枚すべてに見える中央の筋目は、旧蔵者による胡蝶装の跡。

下　図104　表ＡNo.30「東京十二景京橋」、大判横1枚、「辰十一改」、絵師国政。

上　図105　表ＡNo.31「東京十二景通町」、大判横1枚、改見えず、絵師国政。
※板元はシリーズすべて蔦屋吉蔵、またシリーズすべて国立歴史民俗博物館蔵。

下　図106　表ＡNo.32「東京十二景呉服橋」、大判横1枚、「辰十一改」、絵師国政。

③東幸記念図東京十二景シリーズ

「東京十二景　本郷」〔図98〕を含めた東京十二景シリーズは大判横1枚の揃物ですが、写真では錦絵にあとから額装を施したように見えます。しかし実物を見ると、額装は錦絵の模様であることが判ります。また、改印《あらためいん》と板元印《はんもといん》の位置がすべて額装模様のうえにあることと、似たような菊紋の額装模様が12枚すべて異なることから、額装模様も含めた1枚1枚の錦絵板下を届け出て、改印を受けたことが判ります。改印は、画像微調整後も3点が判読不能ですが、判読できたものはすべて11月です。額装模様が菊紋であることが象徴しているように、板元蔦屋吉蔵が東幸を歓迎する立場から、東幸中に「天皇東幸記念」の錦絵を企画し、想像図の時点から歓迎視点で画いてきた国輝《くにてる》と国政《くにまさ》に依頼した、という性格の揃物です。

「六郷渡し」〔図101〕。絵師は国輝。芳年《よしとし》が10月に出した「武州六郷船渡図」〔図41〕（73頁）の構図を借りています。本図の最大の特徴は御羽車《おはぐるま》の後ろの辛櫃《からひつ》に「内侍所」と「御用」の札を画いたことです〔図107〕。同じ国輝が「東京呉服橋南通遠景之図」〔図83〕（139頁）で、御羽車の前に「内侍所《ないしどころ》」と「内侍所御（用）」の札を入れている〔図87〕（144頁）ので、国輝の内侍所・神鏡への関心が、かなり強いことが判ります。

「東京十二景高縄《（ママ）》」〔図102〕、絵師は国政です。鼓笛隊と前衛が高輪大木戸にかかり、騎乗の高官が2人続くだけの図です。3代広重の「東京高輪之勝景」〔図42〕（75頁）と「東京名勝図会　高輪大木戸」〔図43〕（76頁）と同じ高輪ですが、図式的な画になっていて、いよいよ府内に入るという印象が、3代広重ほどには伝わってきません。

図107　図101の部分拡大。「内侍所」の荷札。

「芝大門前」〔図103〕、絵師は国政です。仮想視点は3代広重の図49・図51と同じ場所〔70頁、図38赤三角103〕にあり、「御小休」を終え、増上寺大門から出てきた場面ですが、鳳輦の前に、内侍所を収めた御羽車も増上寺から出て来るという、あり得ない図となっています（〔図49〕解説参照）。また、御羽車の屋根を黄金に菊紋、鳳輦の屋根を朱色に菊紋、と画いています。実見が基にあるはずでも、記念図としての意識を強くもつ一方で、内侍所の休憩場所の違いには思いが至らなかったのでしょうか。

「東京十二景京橋」〔図104〕、絵師はこれも国政です。小規模な鼓笛と前衛銃隊に騎乗が3騎、その後ろから、いきなり鳳輦が京橋を渡ってきます。鳳輦の屋根は黒でも赤菊紋を大きく入れ、帷も金色、御簾《みす》も赤く画きました。京橋北側の府下管轄榜示杭「従是東京府附岩永吉左門」だけが妙にリアルです。仮想視点は、芳年の「其二東京府京橋之図」〔図53〕（99頁）と同じ位置〔109頁、図66赤三角104〕ですが、こちらは横1枚物という限界があるとはいえ、構想力・表現力とも、芳年には到底及びません。

「東京十二景通町」〔図105〕、これも絵師は国政です。日本橋高札場前で左折して呉服橋御門へと向かう場面で、仮想視点は通町1丁目商家の高い位置です〔125頁、図78赤三角105〕。鳳輦・葱華輦とも黒の屋根ですが、これにも巨大な赤の菊紋を入れました。鳳輦や葱華輦を担ぐ人々は簡略に人形化されています。拝礼に集まった群集の数に至っては誇張の度が過ぎ、漫画的でさえあります。国政自身の自己主張なのでしょう。

「東京十二景呉服橋」〔図106〕、これも国政。3代広重の「東京名勝呉服ばし御門」〔図81〕（132頁）と仮想視点は近くですが〔図78、赤三角106〕、横1枚に橋の手前の銃隊が人形のように画かれているため、町民が拝礼できる最後の呉服橋御門に先頭が消えていくという緊迫感が感じられません。

上　図108　表ＡNo.33「東京十二景鉄炮洲」、大判横1枚、「辰十一改」、絵師国輝。
※板元はシリーズすべて蔦屋吉蔵、またシリーズすべて国立歴史民俗博物館蔵。

下　図109　表ＡNo.34「東京十二景内桜田」、大判横1枚、「辰十一改」、絵師国輝。

上　図110　表ＡNo.35「東京十二景両国」、大判横1枚、「辰十一改」、絵師国政。
※12枚すべてに見える中央の筋目は、旧蔵者による胡蝶装の跡。

下　図111　表ＡNo.36「東京十二景亀戸天神」、大判横1枚、改見えず、絵師国輝。

図112　表A№.37「東京十二景浅草」、大判横1枚、「辰十一改」、絵師国輝。

④記念図になぜ虚構図があるのか

図108から図112までの5点は、東幸行列が通ったこともなければ、東京城からの行幸も無かった場所を画題としています。菊紋の額装模様を十二景すべてに施し、「東幸記念」として制作された12点中に、5点もの「虚構図」が含まれるのはなぜなのか？ その意味を、個々の虚構図の「不思議」を見たうえで総合的に検討します。なお、絵師は「両国」が国政であるほかは、4点が国輝です。

「東京十二景鉄炮洲」〔図108〕。この時期、「てっぽう」は火器として意識され、多くは「鉄炮」と書いたように、この画題も「鉄炮洲」となっています。「本書のはじめに」で述べたように、天皇は11月16日と28日の2回、東京城から浜御殿に行幸しています。また、その浜御殿行幸時の道筋を第一章で示し〔図18〕（42頁）、道筋のやや近くの鉄炮洲で、旧幕府からの引き継ぎで決まった東京開市が11月19日に始まったことを述べておきました。その地に建てられた外国人商人向けの築地ホテル館は、開市前から俄に名所となり、「築地ホテル館」を画題とした錦絵が多数作られます。

この「東京十二景鉄炮洲」も、その名所図の一つという形をとっています。〔図18〕（42頁）で示したように、浜御殿行幸時にやや近くを通りますが、なお距離があります。もちろん東幸経路ではありません。この図には鳳輦《ほうれん》や葱華輦《そうかれん》こそ画かれていませんが、十二景シリーズの一つに入れ、菊章旗を先頭に僅かな鼓笛とそれなりの数の銃隊が続き、錦旗日月旗のように画いた旗2旒《りゅう》（ただし「日」も「月」も無い）に公家風装束の2騎を続けています。明らかに、東幸行列か、東京城からの行幸かに見せかけた虚構図です。

次に、**「東京十二景内桜田」**〔図109〕。非常に不思議な錦絵です。虚構図とすべきか迷いが残りますが、画題から言えば完全な虚構図です。なぜなら、一般町人の拝礼は呉服橋門までとされていましたが、行列が呉服橋門から大名小路に入り、和田倉門から西丸下へ入り、内桜田門前大下馬広場と坂下門前を通過し、西城大手門から西丸に入ることは東京府から触れられていたことだからです。それどころか、内桜田門は大手門と共に江戸城本丸へ入る入城門の一つでしたから、本丸が焼け落ちた文久3年（1863）11月15日以後には、入城門としての役割を終えたことは町人でも知っていることです。第一、これを画いた国輝は、すでに10月、鳳輦が西丸表玄関前に到着した最終場面を「東京名所図絵」〔図88〕（147頁）として画いていたのです。内桜田門から入るはずのないことは誰よりも国輝自身がよく知っていました。

では、なぜあり得ない画題を、それも東幸記念のシリーズに入れたのでしょう？

この謎を解く最初のカギは、画像そのものにあります。画像は実は内桜田門ではないのです。

まず、全体図の城壁と堀の形状をご覧下さい。そのうえで今一度、「東京名所図絵」の解析で使用した「御曲輪内大名小路絵図」〔図89〕（148頁）の東（右）を下にして比べてみて下さい。この行列が入っている門が西丸大手門であれば、地図と画像の堀の形が酷似しています。そこで、小粥祐子さんが「江戸御城之絵図」と明治17年作成の「五千分一東京図測量原図」から作成した「江戸城内郭縄張図」から西丸大手門前を拡大してみました〔図113〕。完全に一致します。この図中に鳳輦行列（黄色円）と国輝の仮想視点

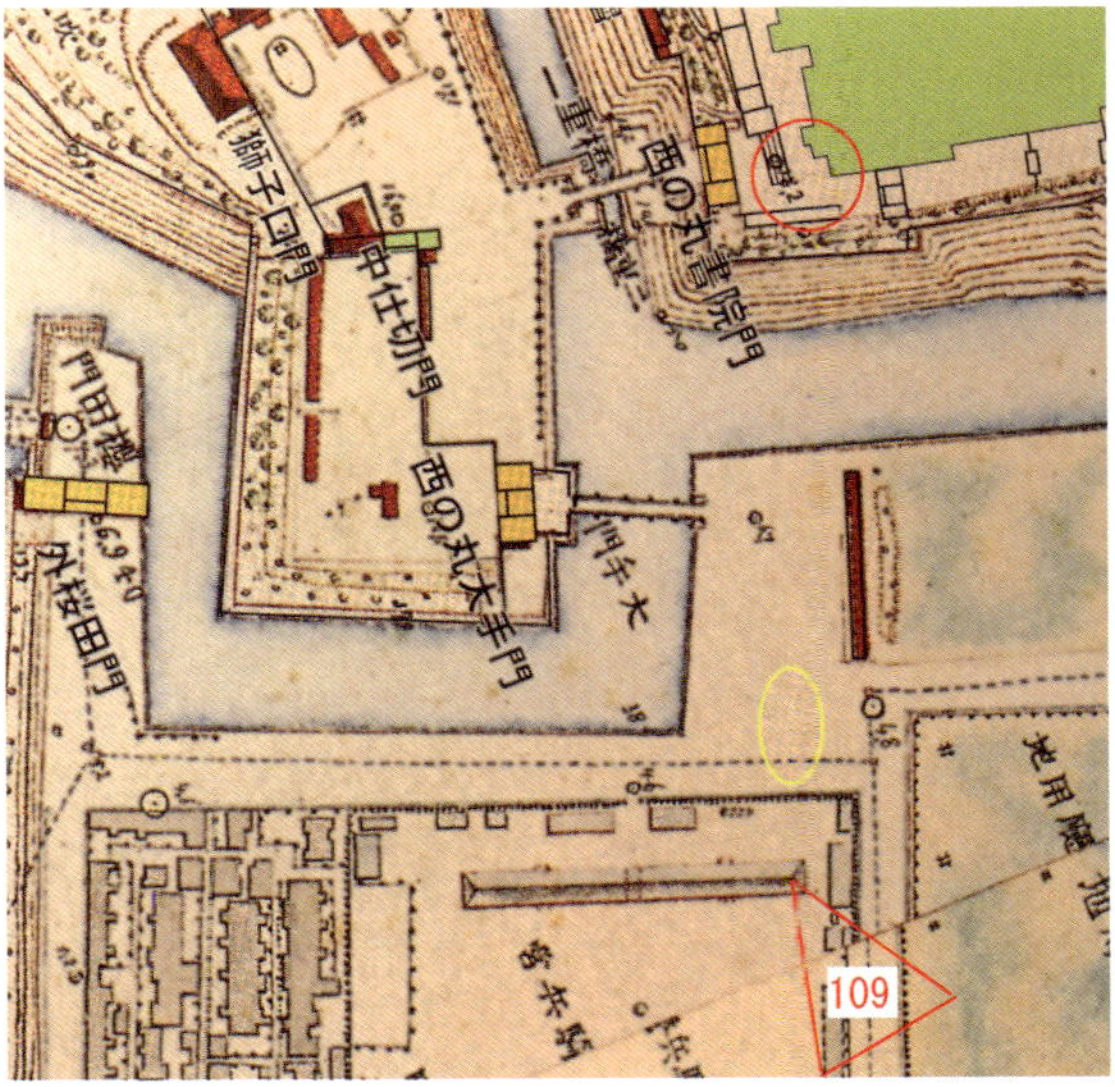

右　図113「江戸城内郭縄張図」部分。黄円は鳳輦位置、右に腰掛。赤三角は仮想視点。赤円は「東京名所図絵」〔図88〕の場面。

下　図114　図109の部分拡大。葱華輦の先が西丸大手門に入り、先に日月旗、更に先が二重橋を渡っている。

図115「徳川覇府江戸三十六城門画帖」より西ノ丸大手門。

を入れておきました。錦絵画像を拡大すると〔図114〕、葱華輦の先が渡っている橋が西丸大手門に架かる橋であることが、この図113で判りますが、明治初期の画帖「徳川覇府江戸三十六城門画帖」の「西ノ丸大手門」〔図115〕を見ると、西丸下から見た橋の奥にもう一つの橋が描かれています。これが木造橋桁の二重構造から二重橋と呼ばれた橋です。この二重橋の先に描かれた建物が、西丸表玄関へと向かう書院門です。

画像拡大図〔図114〕の奥の橋は、国輝がこの橋桁二重構造を強調し、二重橋であることをはっきりと示したものです。

国輝は、その先に表玄関から御殿へと続く屋根も画き入れています。この西丸の平面図が、図113の右上部分、緑で画かれたところです。10月に国輝が画いた図88「東京名所図絵」（147頁）の西丸表玄関前を、赤円で囲んで入れておきました。

つまりこの画像は、行列が内桜田門前も坂下門前も通り過ぎ、鳳輦が西丸大手門前の広場に入ったところをメインとし、先頭は二重橋も渡り書院門へ向かうところを画いたのです。

ならばなぜ「内桜田」なのか、謎は一層深まりました。

画題を「西丸大手門前」とすれば場面は非常に正確です。

いえ、正確である以上に、興味深い情報がたくさん画き込まれています。西丸大手へ入る橋の手前に、政府高官が熨斗目裃《のしめかみしも》姿で迎えている姿が小さく画かれています〔図116〕。図88「東京名所図絵」で西丸表玄関前に入れた姿と同じです。また、その手前の「腰掛」には、特に畏まる様子もない市民を画き入れ、東京府の警衛らしい人物も入れています〔図117〕。また、元老中水野和泉守忠精《ただきよ》邸の裏塀に沿って多数の警衛隊が画かれ〔図118〕、向かい側の堀際にも警衛隊が画かれています〔図119〕。さらに、外桜田門内近辺には、鳳輦行列に気づいて、後ろを振り向いて指差ししたり、前を指差ししたり、慌てて屈みかけたりする市民を画き入れています〔図120〕。

これらの人間の動きは、市民にしても警衛隊にしても、自然な動作のようで、観察した様子をそのまま画いたように見えます。当日、市民の拝礼は呉服橋までとされていたのですが、町触にはそれ以上の制限は見られず、元々この場所は市民が自由に入れる場所でしたので、知らずに入っていた市民を追い出すことはしなかったと考えられ、国輝も絵師としてここに入ることは許され、見た光景を基に、鳥瞰図で画いたものと思えます。この改が11月。すでに10月、この先、見るこ

図116　西丸大手前の政府高官。

図117　西丸大手「腰掛」前の市民と警衛。

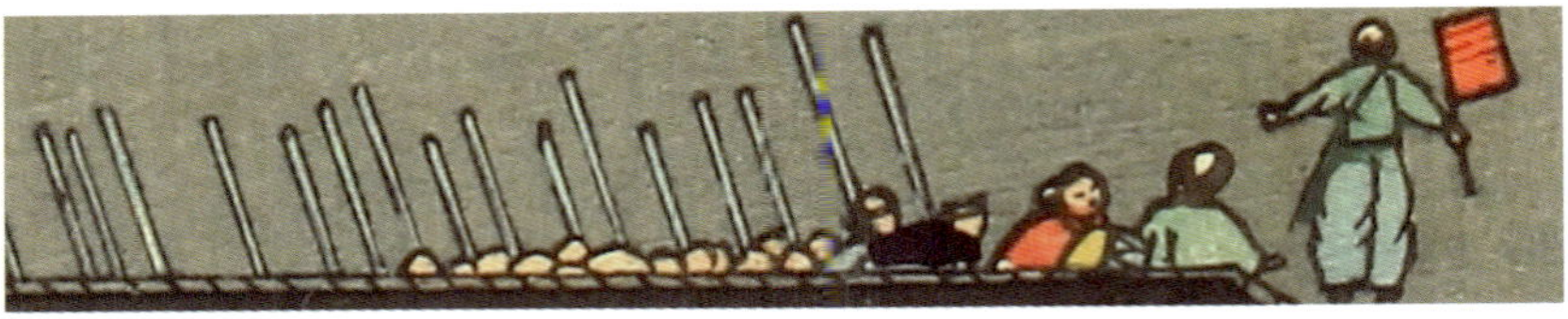

図118　西丸大手広場に面した元老中水野和泉守忠精邸裏の警衛隊。

図120　外桜田内付近で気づく市民。

図119　西丸大手堀際の警衛隊・鼓笛隊。

とのできない西丸表玄関前への鳳輦到着場面を「東京名所図絵」と、場所名不明な画題で画いていた。となると、こちらを「内桜田」とした理由がほの見えてきます。他の虚構図を見てから確定します。なお、国輝はここでも鳳輦の屋根を赤に、葱華輦の屋根を桃色に画きました。「漆黒」が嫌いなのです。

次に**「東京十二景両国」**（図110）、絵師は国政。鳳輦・葱華輦を含む東幸行列が両国広小路から両国橋を東へと渡っていきます。両国橋は日本橋から直線で1．6㎞も北東へ入ったところ、東幸順路からは大きく逸れていますし、東京城からの行幸もありません。行列が向かう先には回向院《えこういん》本堂の屋根が見えます。「嘘」を百も承知で画いた「回向院行幸」の虚構図です。国政も国輝と同様、鳳輦と葱華輦の屋根を赤く画いています。

次の**「東京十二亀戸天神」**（図111）は、江戸本所《ほんじょ》きっての名所「宰《さい》府《ふ》天満宮《てんまんぐう》」。両国橋からさらに東へ進むこと道なりで4㎞、現在の江東区亀戸3丁目にあります。もちろん、東幸経路でもなければ行幸もありません。二つ目の太鼓橋《たいこばし》を眺めながら鳳輦が社殿へと進んでいます。

次は**「東京十二景浅草」**（図112）。激しい虚構図です。鳳輦が浅草《せんそう》寺《じ》境内仁王門を潜り、本堂前まで進んでいます。拡大すると（図121）、

図121　図112の部分拡大。本堂へ歩む天皇。後ろの馬は消した。

鳳輦の先方向で拝礼している僧5人の内、顔を上げた4人の視線の先に、赤の束帯を纏った人物が本堂へと進んでいます。鳳輦から降り、本堂へと歩む天皇です。政府神祇官が神道を大きく引き上げ、神仏分離を推進している時、江戸庶民の信心の拠り所、「浅草の観音様」本堂へ仏参に向かう天皇！　絶句です。

なお、本堂へ歩む天皇の後ろに赤服の人物がそびえています。よく見ると、その前に「馬の顔」が見えます。板下で騎乗に画いた人物を、摺の段階で馬だけ石畳の色で消したのです。騎乗の人物を板下に画いたのは、天皇が歩み出したあとも、鳳輦守護のために留まる高官が必要との想定で画いたのです。ですが、天皇が歩んでいる時点で騎乗のままでは失礼になると考え直し、摺で馬を消すよう指示したものと思われます。「東幸記念図」にしては随分杜撰な修正です。あるいは正式な改板が別にあるのかもしれません。修正はともかく、この「浅草観音様へお参りする天皇」からは、東幸大歓迎の国輝でさえ、政府内部に仏教を貶め神道を国教化する動きがあるなどは、露ほども思っていないことが窺われます。

以上5点の虚構図すべて、内桜田門からの入城があり得ないことも、他の4点の場所に来なかったことも、企画した板元、画いた絵師には初めから判っていることです。それを「東幸記念」として画き、販売する。騙すつもりは無い、とすれば、もともと東幸行列順路から外れている4点は、東京城から行幸として来て欲しかった東京名所の図、ということになりそうです。ここで、改印11月が、再度重要な判断指標になります。12月8日に天皇が京都へ帰るという「還幸《かんこう》」を東京府が触れ出したのは12月2日です。東幸を歓迎する気持ちのあった人々が、帰るとは思わず、庶民にとって最も代表的な名所に「来て欲しい」との期待を強く抱き、実施を願って作成された「行幸願望図」とでも言うべきものでしょう。

とすれば、図109の画題を「内桜田」としたのはなぜか？ まず、すでに見えかかっていた理由。西丸表玄関前への鳳輦到着を「東京名所図絵」としか表せなかった以上、画像通りに「西丸大手前」としてしまえば、先の「東京名所図絵」は「西丸表玄関前」ですと言うに等しく、それは情報提供者のことを考えてもできない、というネガティブな理由です。それとは別に、「行幸願望図」と同質のポジティブな理由も考えられます。

本丸が文久3年11月に焼け落ちる前、同年6月に西丸が焼けたため、入城した西丸はあくまで「仮御殿」でした。できれば貧弱な西丸ではなく、内桜田門から本丸に入城して欲しかった、いや、いっそこれを機に、本丸跡に城を再建し、天皇は新本丸に内桜田門から入り直して欲しい。そんな願望が窺えます。

実は、還幸の触れ直後に、「来春再御臨幸《りんこう》までに旧本丸城蹟に宮殿御造営」をする、との沙汰書が出、「稼人足」を願う者は各町名主に早々願い出よ、との町触が「町中不洩様《もらさざるよう》」出され、その請書が12月7日に各町から出されます（東京都公文書館所蔵『町触帳』、実際は財政難からできませんでしたが）。となると、西丸大手前を画きながら画題を「内桜田」としたのは、西丸表玄関前への鳳輦到着図を「東京名所図絵」としか表現できなかったこととの関連ではなく、この再臨幸と本丸跡宮殿造営計画を11月中に伝え聞き、新宮殿への再臨幸を願望して画いたためのようにも思えてきます。そのどちらかでしょう。

第三章

「天盃頂戴図」から見えてきた主張

一 「御酒下賜」の敢行と実態

「本書のはじめに」で述べたように、京都新政府内の一部にあった強い反対——それは、発輦当日9月20日夕刻、最初の「行在所」大津の宿に、新政府刑法官知事大原重徳《おおはらしげとみ》が馬で駆けつけ、京へ戻るように建言する、といった事件が起きるほどの強固な反対です——を押し切り、「天皇東幸」を強行したのは、在東京の政府高官らが、江戸・東京府民の中に、根強い反政府行動・感情があることを把握していたためでした。ですので、この江戸・東京の反政府的な空気を一掃するためには、天皇東幸を実現させ、「朝威」を示すだけでは十分な効果は期待できず、天皇統治による「恩恵」を施さなければならない、と在東京政府高官らは考えます。そこで「恩恵」の具体策として、11月4日に「御酒下賜」を実施するとし、そのうえで6・7日の両日に「天盃頂戴」を祝うよう、府民に触を出すことになります。

もっとも、府下民心を摑むための具体的な「恩恵」を「御酒下賜」と決めるまでは、かなり時間がかかりました。8月中には、三条実美《さんじょうさねとみ》などは「金子《きんす》下賜」（現金バラマキ）まで主張し、天皇の着御後にもなかなか決まらず、結局、10月27日付けの沙汰書で、「東京市中一同え御酒下賜」が決まります。

それは、2斗2升入りの化粧樽で3000樽の酒（一升瓶〔1・8ℓ瓶〕で、6万4021本分）、それに干鯣《するめ》1700把に片木《へぎ》（干鯣一把を包む薄い木皮）を同数付ける、これらの費用総代金が雑費を含め、1万4038両2分と銀5匁が必要という、膨大な費用がかかるものでした。

ところが、肝心の酒は、旧幕府御用の酒問屋4軒から総数3000樽を、東京府が政府に代わって購入し、これに新政府が購入しておいた僅か7樽の酒を「天酒」として「均等に」混ぜ、「天酒を下賜する」

というものなのです（%にすると0・2%強。酒3000樽に7樽分を均等に混ぜるなど、本当にそんな作業やったのか、と思いますが、『日本酒問屋沿革史』に、「均等に混ぜた」と出ています）。そして、その諸費用も含め、全額を東京府が立て替え、幸橋《さいわいばし》門内の東京府庁から配るという構想だったのです。

この構想が東京府役人に判ると、東京府判事で政府会計官判事でもあった江《え》藤新平《とうしんぺい》は激怒し、元江戸筆頭町年寄だった館市《たちいち》右衛門《えもん》を巻き込み、政府に、絶対に返金する約束をさせ、実施に漕ぎ着けます。しかし、東京府が立て替えるにしても、新政府の直下に組み込まれたばかりの東京府の経常予算源に、そんな大金はありません。どうするのか、七《しち》分《ぶ》積金《つみきん》です。七分積金とは、幕政時代に、いざという時のために、上層の町人層から集めておいた金です。もちろん、幕政時代でも、町奉行所がこれに勝手に手を付けてはならず、必ず町役人の同意を得て使ったものです。江藤もそれは知っていますから、館市右衛門ら、旧幕時代からの町役人の了解を得て、とにかく、絶対返金するという約束を取り付け、この積み金で立て替え購入したのです（以上、拙論A参照）。

何のことない、0・2%余りしか入っていない「天酒」を、町人が積み立てた金で購入し、それを「御酒下賜」として振る舞い、2日間休んで「天盃頂戴」として祝えというのです。

財政的裏づけの無いまま、ただ民心を摑むために、あたふたと実施された「御酒下賜」。東京市民はこれをどう受け止めたのか、以下、筆者が画像を確認できた「天盃頂戴図」、第一章冒頭に提示した表B全15点のうち、№15「天拝市中御祭礼」だけは、戦前の浅井本白黒画像以外では見かけず、所蔵機関も見つかりませんでしたので、14点の画像を解析していくことで、第一回天皇東幸下の東京市民が、「御酒下賜」に対して見せた、多様な意識・対応・主張を把握していきます。

上　図122　表B№1「明治元歳十一月四日 東京府市中え御酒被下給町民一同頂戴群衆之図」、大判3枚続、「辰十一改」、絵師国輝、板元辻岡屋文助、東京大学史料編纂所蔵。

下　図123　表B№2「江戸橋日本橋風景東京府御酒頂戴」、大判3枚続、「辰十一改」、絵師国輝、板元山本屋平吉、宮内庁書陵部宮内公文書館蔵。

二　歓喜の国輝とその板元たち

「明治元歳十一月四日　東京府市中え御酒被下給町民一同頂戴群衆之図」〔図122〕は、いつの何を画いたのかを、すべて画題にしたために、長い画題となっています。次の**「江戸橋日本橋風景　東京府御酒頂戴」**〔図123〕と共に、絵師は東幸を大歓迎する視点から「行列図」を数多く画いてきた国輝です。板元は図122が辻岡屋文助、図123が山本屋平吉です。2作を併せて解析していきます。

図122の板元辻岡屋文助は「東京名所図絵」〔図88〕（147頁）を国輝に画かせた版元、図123の板元山本屋平吉は「東京江戸品川高輪風景」〔図25〕（53頁）をやはり国輝に画かせた板元です。どちらの「行列図」も東幸大歓迎の視点が明確で、非常に特徴的な画像でした。

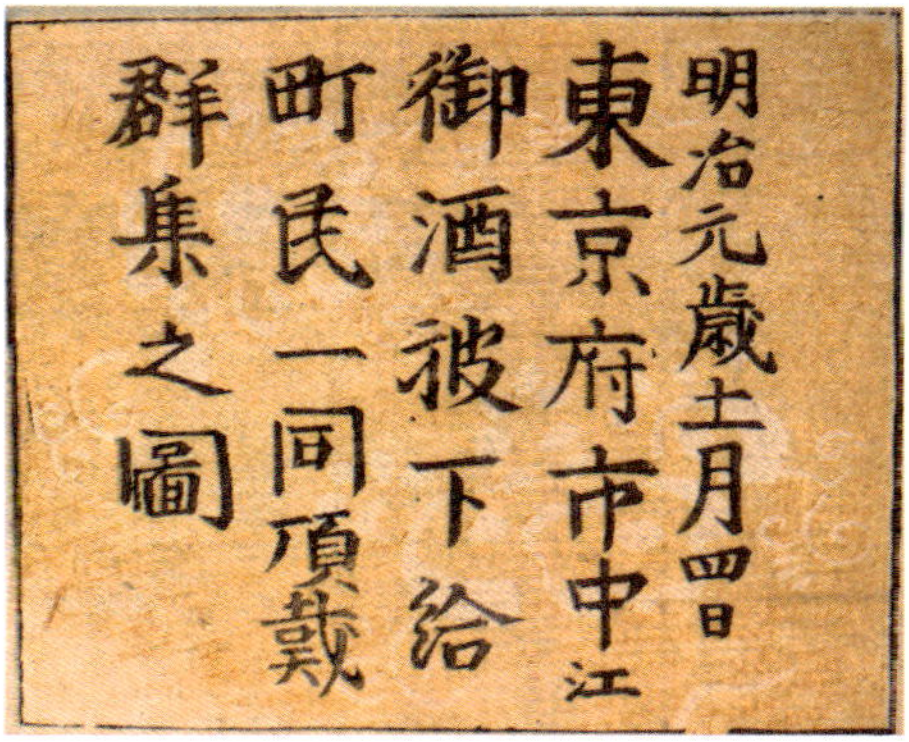

図124　図122の画題、菊花透かし模様。

「東京名所図絵」は、西丸表玄関前に鳳輦《ほうれん》が到着した場面で、「賊徒の巣窟」江戸城についに天皇自身が入るという決定的瞬間を画いたものでしたし、「東京江戸品川高輪風景」は8月の想像図で、「雲居に乗った神々が東幸を迎え守護する」図が入り、王政復古を期待していた各地の郷村に広がる平田派国学者たちの熱い思いを反映していました。

つまり、両図とも最も歓迎熱の高い板元・絵師が制作した「天盃頂戴図」なのです。そのことが図122では画題の画き方に、図123では3図上部に画き込まれた画賛《がさん》に端的に表れています。

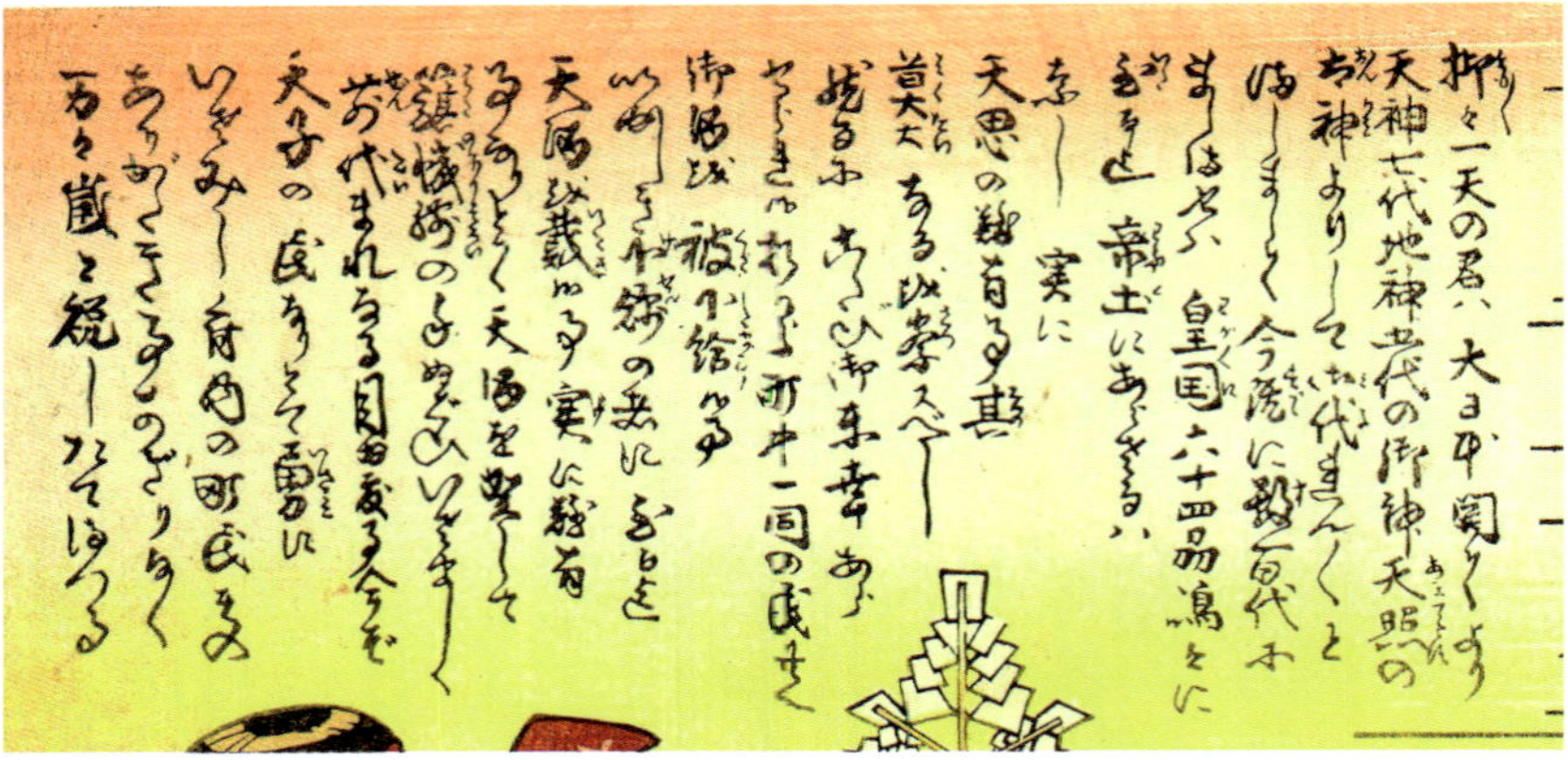

図125　図123の3図、画賛、板元・絵師のメッセージ。平田派神道の影響が窺われる。

図１２２の画題には、実物でも微かにしか見えないのですが、画像調整すると、背景に菊花模様が透かしのように見えます〔図１２４〕。彫りと摺りに技術が必要な、工夫した東幸歓迎表現です。

図１２３の画賛全文〔図１２５〕には、絵師と板元の思想が凝縮されています（振り仮名は原文のまま、読点は筆者）。

抑々《そもそも》一天の君は大日本開てより天神七代地神五代の御神、天照《あまてらす》の太神《おんかみ》よりして御代《みよ》れん〲とましまして、今既《すで》に数《す》百代にましませは、皇国《わがくに》六十余州嶋々に至《いた》る迄帝土《わふと》にあらさるはなし、実に天恩の難有事、其莫大《そのはくたい》なるを察《さつ》スべし、然るにこたび御東幸あらせられ候折から、町中一同の民共へ御酒を被下《くだし》給《たまゐ申》候事、いやしき下賤《げせん》の者に至る迄、天酒を戴《いたゝき》候事、実に難有事なりとて、天酒を賀して旗幟《はたのぼり》、揃《そろい》の手ぬぐひいさましく、前代《ぜんたい》まれなる目出度事、今ぞ天子の民なりとて勇《いさみ》にいさみし、府内の町民そのありがたき事かぎりなく、万々歳を祝したてまつる、

全文に平田派国学の影響が明確に読み取れ、「今ぞ天子の民なりとて勇《いさみ》にいさみし」には、板元山本屋と絵師国輝の、歓喜の叫びとも言えるメッセージとなっています。

次に、両図の場所を確認します。図１２２の３図に大きく画かれ

図126　幸橋門と旧柳沢屋敷の渡り門（『幕末明治の江戸城』より）。

た建物屋根が、東京府庁となった元大和郡山藩柳沢甲斐守の上屋敷に入る渡り門で、その右に画かれたのが幸橋枡形門です。ごく近い時期に撮影された古写真〔図126〕「幸橋門」と一致します。ただし富士山はこの方角（北）には見えず、錦絵としてのフィクションです。

画題にある11月4日は、町触に「市中名主共麻裃着用し町々惣代のもの一人つゝ召連、朝五つ時可罷出候事」とあった日で、次いで「六日七日市中一同家業相休、頂戴可致候事」とされます。では、4日に東京府庁前で裃姿の各丁名主らに配分された酒樽を、各丁でどう運び、6・7日の「天盃頂戴」となったのか、『府治類纂《ふちるいさん》』の諸記録・『斎藤月岑日記《さいとうげっしん》』・四谷塩町1丁目書役徳兵衛日録を併せ、把握します（「町」は「丁」の集合体）。軒（竃）数ごとに丁単位で配分された酒樽の山は、各丁ごと、4日に荷車で惣町名主宅へ運び、5日に酒樽割がなされます。4日の運搬を徳兵衛は人足雇いで済ませようとしますが、各丁の家主たちは他町と競い、荷車で派手に運ぶことを主張したため、36樽の運搬に四谷惣町で金4両を費やします。つまり、荷車を派手な丁名旗・幟で飾り立てて踊り、半ば祭礼化した酒樽運搬騒ぎが4日に生じ、それが6・7日の盛大な「天盃頂戴」祭礼へと発展、その光景を一つの画像にしたのです。

祭礼化した「酒樽運搬」光景を国輝が前景いっぱいに画いた場所は、幸橋御門前広場久保丁原から東の芝口橋（新橋）へと至る、汐留川の広い河岸《かし》〔JR新橋駅北東部〕の一部で、この広い河岸に、3日朝、霊岸《れいがん》島《じま》の酒問屋から船で着いた酒3000樽が荷揚げされたのです（70頁〔図38〕に入れておきました）。

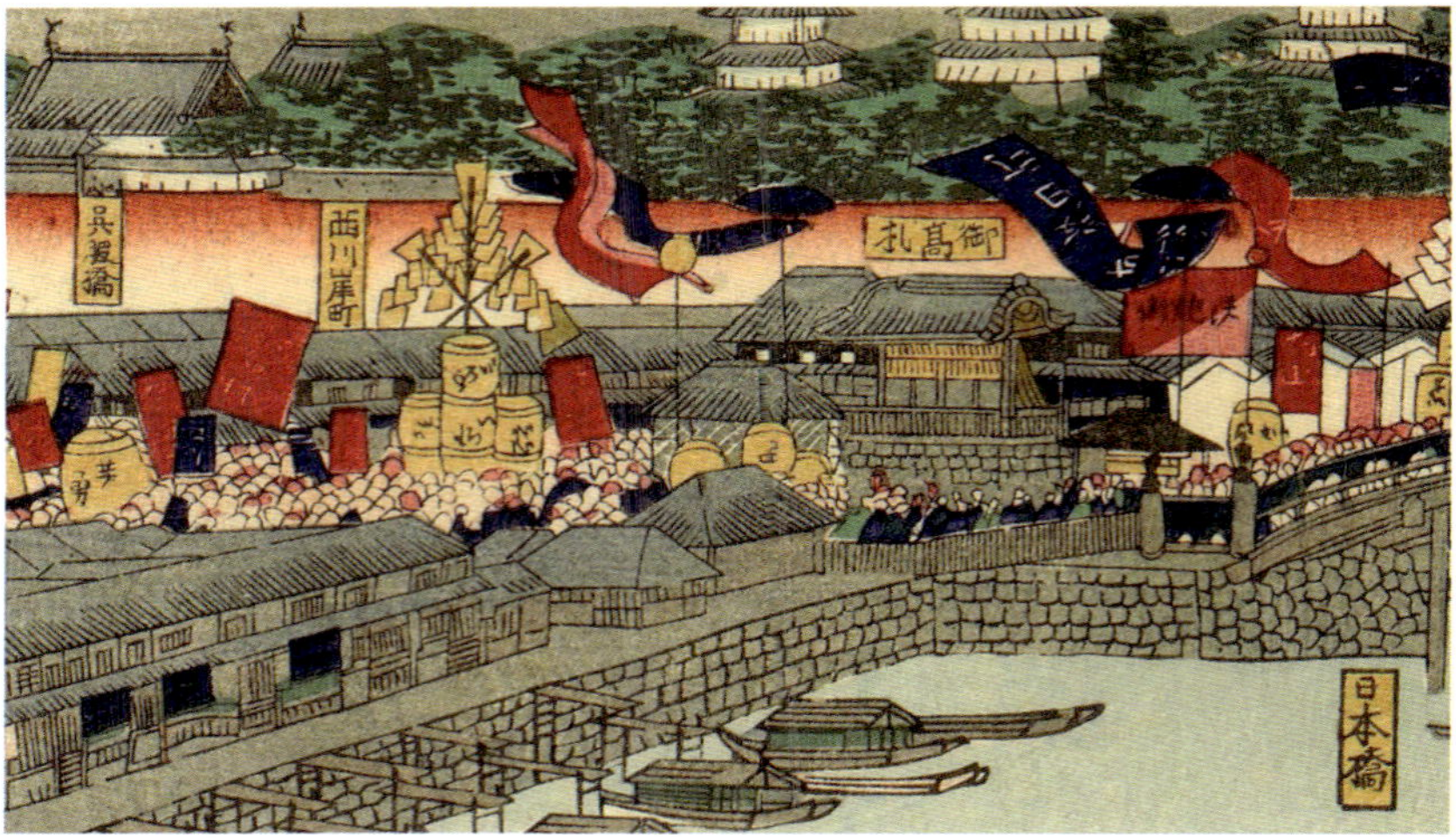

図127　図123の1図遠景拡大。日本橋・高札場から呉服橋門が画き込まれた。

図128　図123の2図遠景拡大。通1丁目・通2丁目を流し旗が進む。

図123は、近景の1～3図に江戸橋、遠景の1図に日本橋と高札場《こうさつば》と呉服橋門〔図127〕、2図に通《とおり》1丁目・2丁目〔図128〕を入れました。中景に日本橋から万《よろず》町と青物町を抜けて江戸橋へ、前景に江戸橋で酒樽・流し旗などが舞っている様子を、鳥瞰図《ちょうかんず》で立体的に画いています。この万角であれば富士山もほぼ正確です。

この国輝の仮想視点を140頁の図84に入れてみると、これが高度な想像力を発揮した鳥瞰図だと判ります。図82「東京府京橋ヨリ呉服橋ノ遠景」（137頁）で国輝が見せた鳥瞰図の技量は、やはり並ではなかったのです。

次に化粧樽に画き込まれた酒の銘柄を東京都公文書館所蔵の『順立帳』で検証します。図122・図123双方

上左　図129　図123の3図、正宗。
上中　図130　図122の3図、寿海・日本橋。
上右　図131　図123の3図、英勇。
下右　図132　図122の3図、丹頂。

にある「正宗」〔図129〕、「寿海」と「日本橋」〔図130〕、図123にある「英勇」〔図131〕、図122にある「丹頂」〔図132〕は、鹿島清兵衛・鹿島利右衛門・中井新右衛門・高崎長右衛門の旧幕府御用酒問屋4店が3日朝に東京府へ納めた酒銘柄にあります。4店の内、長右衛門のみが地廻り酒問屋で、ほかの3店は灘などの酒造業者から仕入れる下り酒問屋です。確認できた5銘柄はどれも下り酒問屋3店が納めた銘柄です。

なお霊岸島銀町《しろがね》鹿島利右衛門店は、前年慶応3年12月7日未明、薩摩藩兵が率いる盗賊に襲われています。賊は表戸と五重の締まりを壊し、奥の鉄格子を壊している時に駆けつけた撤兵隊《さっぺいたい》一人を殺し、前夜に霊岸島の町屋で盗んだと覚しき金子100両を落として逃走しています（『藤岡屋日記』第15巻）。「薩賊」に襲われた酒問屋も、「官軍」政府に酒を納めなければならない、歴史の大転換です。

この、前年10月末から12月末までの芝三田《しばみた》の薩摩藩邸を根城とした江戸・関東での盗賊・放火などの攪乱行為が尾を引き、さらにこの年慶応4年正月中の対「薩賊」戦争準備なども重なり、江戸・東京市民の反政府感情の中でも、薩摩藩に対する反発は特に強いものがあるこ

図133　図122の3図、4酒問屋納入の銘柄には無い酒。

図134　図123の2図、4酒問屋納入の銘柄には無い酒。

とは、すでに政府も東幸前に把握していたため、東幸行列には薩摩藩兵の隊は当初から省かれています。当時京に残留していた薩摩藩兵は、東幸中は京都警備の責を担わされ、京に残ったままです。

　それはともかく、図122には、「日の出」「大当」「江戸一」〔図133〕のほか、「寳」「壽」など、4店が納めた計24種の銘柄にはない酒が多く画かれ、図123にも、「亀」〔図134〕のほか、「いろ盛」など、やはり4店納めには無い銘柄も多く画かれています。なぜでしょう？

　実は、この「御酒下賜」の最初に、「2斗2升入りの化粧樽で」と述べましたが、「御酒下賜」に関する記録類が入っている東京都公文書館所蔵の『府治類纂』や『順立帳』には、何斗入りの酒樽かがどこにも書いてなかったため、酒の実質量が判らなかったのですが、四谷塩町1丁目の徳兵衛は、4日に四谷惣町の竈数2022軒分として受け取った「戎鯛」36樽を、1樽2斗5升入と見積もったところ、2斗2升入りだったため、4樽と1斗1升不足となり、金17両2分を町酒屋に払い、「新壱」という4店納めの銘柄には無い酒を購入しています（「戎鯛」は中井新右衛門店納めの銘柄帳に、戎□と、鯛の絵部分を空き字にして記してあり、また図135で芳盛が画いています）。

下賜された酒樽が思ったより小振りの2斗2升入りだったため、町酒屋から町費で買い足すことが府内多くの町で起きたため、4店の酒問屋が納めた銘柄には無い酒樽が、数多く運ばれていたのです。

国輝は、想像図や多くの虚構図以外の、実見を基にした行列図では、歓迎の立場から内侍所《ないしどころ》の木札に注目して画き入れただけでなく、「東京十二景内桜田」〔図109〕（169頁）では、外桜田門内近辺から、鳳輦行列に気づいて、後ろを振り向いたり、慌てて屈みかけたりする市民を画き入れたりするなど、比較的見たままを画く絵師だったと考えられるので（漆黒の鳳輦屋根を赤にして黄の菊紋を入れてしまうのは別として）、この2作品に画いた酒の銘柄に、4酒問屋が納めなかった銘柄が数多く画かれていることは、「御酒下賜」を機に、町費を足してでも盛大に祝おうとした町人たちの祝祭感覚の現実が、確実に反映しているとみて間違いないでしょう。

また、そこに幟旗・流し旗や飾り御幣《ごへい》が多く画かれているのは、6・7日の天盃頂戴の光景を重ねて画いた部分があるにせよ、4日の酒樽運搬自体がすでに半ば祭礼化していたことの反映と考えられます。それは、先にも少し触れましたが、徳兵衛の4日の記録に、酒樽運搬については、名主や徳兵衛らが、家主たちに相談無く簡略に済ませようとしたことに対し、他町と張り合う各丁家主らが抗議したため、「詫び入れ」してまで、荷車で派手に運ぶことを余儀なくされたことが記されていることからも判ります。

上　図135　表B№3「東京府御酒被下之図」、大判3枚続、「辰十一改」、絵師さくら坊芳盛、板元薗原屋正助、宮内庁書陵部宮内公文書館蔵。

下　図136　表B№4「東京市中にぎはいひ之図」、大判2枚続、「辰十一改」、絵師了古、板元増田屋銀次郎、小西四郎『錦絵幕末明治の歴史』5「明治の新政」より転載。

上　図137　表BNo.5「東京御酒頂戴之図」、大判3枚続、「辰十一改」、絵師玉斎、板元木屋作太郎、東京大学史料編纂所蔵。

下　図138　表BNo.6「御酒拝領」、大判2枚続、「辰十一改」、絵師国周、板元津国屋伊三郎、小西四郎『錦絵幕末明治の歴史』5「明治の新政」より転載。

三　工夫する了古、大傑作の国周、考えぬいた喜斎立祥

「東京府御酒被下之図」〔図１３５〕は、絵師がさくら坊芳盛（天保元年〔１８３０〕～明治18年〔１８８５〕）、板元が神田柳原新地の園原屋正助で、彫師が多吉です。これも４日の祭礼化した酒樽運搬の光景を画いているので、銘柄を確認します。画き込まれた銘柄の内、４酒問屋納入銘柄にあるのが先に触れた「戎鯛」と「正光」で、右端の「歓楽」、中央から左へ「日本一」「いろ盛」「菊一」はありません。

おそらくは、府民が町酒屋から買い足したものなのでしょう。飾り立ての内、五色旗と五色の吹き流しが気になりますが、「江戸五色不動（目黒・目白・目赤・目青・目黄）」は、江戸期のものとしては目黒と目赤以外は史料的に確認できません。また、五行説に基づく、いわゆる「魔除け」吹き流しも、史料上は確認できません。今のところ、何らかの願いが込められた、祝祭的な飾り立て、としておきます。

次に、**「東京市中にぎはいひ之図」**〔図１３６〕。絵師は了古（生歿年不詳）、板元は芝神明町三島町に住む増田屋銀次郎です。これも基本は４日の酒樽運搬の光景です。ただし、絵師名のところに「応需了古戯画」とありますので、画題だけではなく画像案についても市民の声を背景にした板元の要望があり、それを受けた了古が、意識して「戯画」を画いたということになります。どこが戯画なのでしょう。

まずは町人の法被《はっぴ》に「四海」「四海」「安」とあることです。それと町人が掲げている扇に「泰平」が二つ、さらに先頭を行く流し旗に「太平町中」の町名が画き込んであることです。また、１図右脇の酒樽銘柄は、下の文字が半ば隠れてはいますが、「泰平」と読めることです。酒銘柄の「泰平」は、４店納めの銘柄に無いことはもちろんですが、町人が町費で買い足すにしても、銘柄としては無かったはずです。な

お、2図の酒樽銘柄は、絵柄も半分以上隠れた文字も、残念ながらまだ読み取れていません。ただ、判っただけでも、祝祭化した酒樽運搬光景の中に、庶民の願いを込めたことは確かです。「四海」「安」は「四海安穏」もしくは「四海安全」を意味しているでしょうし、そこに込められた願いは「泰平」と同じでしょう。江戸・東京での戊辰内戦が一応の終息をみた今、「泰平」も「四海安穏」も、もう二度と内戦はして欲しくないという、江戸・東京市民の多数の願いであったはずです。

ここで留意すべきは、絵師の了古は戊辰戦争諷刺錦絵の全盛時に、確認できるだけで5点もの作品を出していたことで、中でも「道外西遊記」という錦絵では、8月でも列藩同盟側を非常に強いように画くなど、多くの作品で旧幕府側を応援していたということです。

その了古が込めた東京市民の願いの中でも、「太平町中」の流し旗とその画き方には、見かけ以上の強い意味がありそうです。「太平町」は近世末までは江戸に存在せず、明治2年に、南本所にあった出村町ほかの町々を合併し、太平1丁目・2丁目ができますが（墨田区太平1〜2丁目）、その「太平」とは、享保期以降、南本所出村に移ってきていた、太田道灌《おおたどうかん》開基との寺伝を有する、日蓮宗平河山法恩寺の山号「平」に、太田の「太」を冠してできた町名であり、さらに了古自身、江戸期は墨田の住人で、絵師名を墨田了古と名乗ることがあったのです。地名としての「墨田」は、中世には現在の墨田区北部、向島《むこうじま》近くにあった「墨田宿」周辺に限られていたのが、江戸中期には向島から業平《なりひら》、さらには本所《ほんじょ》あたりまで「墨田」と言うようになっていました。了古が「墨田」のどこに居たかは判りませんが、本所にある日蓮宗京都本国寺末で、末寺7ヵ寺を有する大寺であれば、平河山法恩寺を知らないはずはありません。

また、「太平」が「太田」と「平河山」の合わせであれば、そもそも明治2年以前にそうした謂われが人口に膾炙《かいしゃ》していたからこその町名決定と考えるほうが自然です。つまり、「太平町」の流し旗は、実際に了古のよく知っている、南本所出村町近辺の俗称としての町名であったはずです（ただし旧幕引継書「町方書上」『南本所町方書上』3冊と『御府内寺社備考』巻之百十五を見ても、その確証はありません）。

となれば、それは単に「泰平」に掛けただけではないはずです。江戸城築城の主で、江戸庶民には江戸・関東の守護神のように慕われていた太田道灌を、意識せずに「太平町」と書くとは考えられません。その「太平町中」の流し旗を、「天酒頂戴」と記した幟旗の「天酒」部分を、わざと覆い隠すように上から画き入れました。「天酒」幟旗を、江戸築城主の太田道灌にまつわる「太平町」という、実名としては存在しない町の「町中」流し旗が隠す、そこに「泰平」を掛ける、かなり凝った戯画です。

「東京御酒頂戴之図」（図137）。絵師は玉斎（生歿年不詳）、板元は柳原新地の木屋作太郎です。玉斎についてはまだよく判っていませんが、木屋作太郎は、官軍批判の戊辰戦争諷刺錦絵を数多く出した板元で、先の了古5点中の4点の板元が作太郎ですし、3代広重にも2点を頼み、確認できる限りで計8点の諷刺錦絵を、列藩同盟側支援・官軍批判の視点から出しています。

この絵も基本は4日の祝祭化した酒樽運搬の光景です。1図に三井越後屋が左向きに画かれ、2図にかけて富士が画かれている以上、初代広重が三越と富士を画いたことで著名な駿河町を舞台と

図139　初代広重「名所江戸百景するがてふ」。国立国会図書館蔵。

したことがはっきりしますが〔図139〕、正直なところ、舞台を駿河町と定めただけの迫力はありません。ただ、1図の、酒樽をまとめて包んだ菰《こも》に「東京」と記し、続けて書いた《擬宝珠》は日本橋を意味しますので、日本橋北にある駿河町を「東京一《日本橋》」と記したことで、駿河町と日本橋の自慢を示しています。また、2図の酒樽菰に「日本橋花区一」とある「花丁」は、日本橋富沢町・弥兵衛町の俗称ですので、日本橋丁名旗のようなものです。また3図にも酒樽をまとめた菰に「東京」とあります。これらの「東京」「日本橋」の書き込みは、「天盃頂戴」とは言っても、実態は富裕町人の積み立てた七分積金から、東京府が政府に替わって振る舞っているのだということが伝わっていることの反映とも見えます。五色の梵天や仮面を付けた仮装姿は、祝祭化した酒樽運搬で実際に出現した姿と考えて良いでしょう。

「御酒拝領」〔図138〕。絵師は豊原国周（天保6年〔1835〕～明治33年〔1900〕）で、板元は津国屋伊三郎です。「応需国周筆」とあるので板元からの注文と考えられますが、この画像には相当複雑な「仕掛け」が隠されています。まず「鳶駒吉」に「芸者お菊」とありますが、これは「役者絵」の形を採っていて、役者2人が誰であるかの符号が記されています。「鳶駒吉」の扇には「ふくら雀」と4本の線が画かれていますが、「ふくら雀」が「鐶文様」の組み合わせでできているので四鐶《しかん》と読み、4代目中村《なかむら》芝翫《しかん》を意味しています。一方、「芸者お菊」の扇には「いのじ」と入れ、「〇にい」を定紋とする2代目澤村《さわむら》訥升《とっしょう》だとしています。また、帯には実弟である3代目澤村田之助《たのすけ》の定紋鈌菊《かんぎく》文様〔図140〕を入れ、脱疽《だっそ》の手術で足を失った名女形への心配りを表しています。顔は、鳶駒吉が中村芝翫、芸者お菊が澤村訥升の顔になっています（以上の役者解読については、畏友岩田秀行氏のご教示によります）。

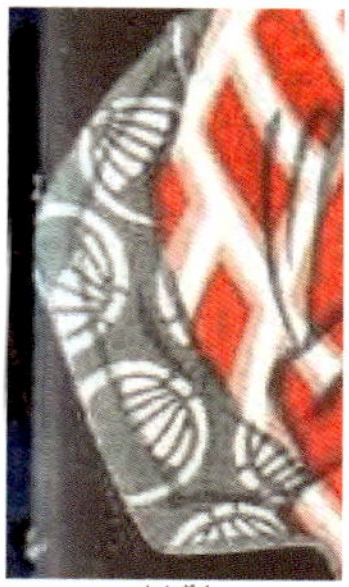

図140　鈌菊《かんぎく》文様。

ただ、戊辰戦争諷刺錦絵を見慣れた目には、ほかにも符号があることや、先に挙げた役者符号が別の意味にも読めることに気づきます。まず目立つのが、芸者お菊が会津藩を意味する「若松」の手ぬぐい鉢巻きを締めていることです。鳶駒吉の首から背にも「若松」の手ぬぐいが見えますが、2人とも会津を意味するはずはありません。すぐに気づくのは、「中村芝翫」を意味する符号と判った鐶模様で作られた「ふくら雀」です。「ふくら雀」は、戊辰戦争諷刺錦絵で仙台藩伊達家の家紋「竹に雀」の符号としてよく使われました。となれば、四鐶《しかん》から芝翫《しかん》と読むという4本線は、中の白線3本で仙台藩の替え紋「丸に縦三引両」も意味しているはずです（図141）。それは、絵師国周が閏四月に出した戊辰戦争諷刺錦絵「当振舞世直拳《あたりぶるまいよなおしけん》」の板元辻岡屋亀吉が、ついに仙台藩が会津藩と組んで列藩同盟が成立したことを大歓迎して5月に出した「朝比奈ねむけざまし」で、朝比奈紋所「丸に三引両」に掛けて仙台藩を大書させていたこと（その絵師は落合芳幾）からもはっきりします（拙著B表紙絵）。つまり、鳶駒吉は仙台藩を意味し、首から肩の「若松」で、心が会津藩にあることを表したわけです。

図141　丸に縦三引両。

一方、鉢巻きで会津藩だと知らせたお菊の背に赤で画かれた「二崩し」文様は、外様10万石でありながら、隣藩会津を自藩壊滅まで全力で支援した二本松藩の符号によく使われたものです。間違いなくお菊は会津藩です。となると澤村訥升の定紋を意味する扇の「いのじ」は、「伊の字」で、仙台藩伊達家も表しているはずです。つまり、芸者お菊もまた、心は鳶駒吉つまり仙台藩にあることを示しているのです。

これにより、この役者絵は、歌舞伎の中で、「鳶駒吉」と「芸者お菊」（芸者の名はその時々で異なるようです）の2人が、色事商売の吉原世界にあって、互いに想い合って舞うという長唄舞「俄獅子《にわかじし》」を題材にした芝居絵でもあることがはっきりと見えてきます。「芸者お菊」との札書右脇に「猿若」と、江戸三座のある猿若町をあえて掲げて見せたことも、そのことを意味しています。

そう判ってくると、鳶駒吉と芸者お菊が、酒樽を運ぶ荷車の綱を同じ左方向に引くはずのところ、お菊は左手で綱を下げ、扇を翳した右手で悪戯っぽく右方向へと向けていることの意味が、「俄獅子」の芸者の歌詞と符合していることに気づきます。互いに想い合うとはいっても、ほかに客を取りながらの芸者が鳶駒吉を想う恋心は揺れ、駒吉を焦らしたりしていますし、それでも鳶駒吉は、自分に呆れながらも辛抱強く待つ、といった「俄獅子」の長唄舞とその歌詞を、実に巧みに表現した画像と見えてきます。

つまり、「芸者お菊」は会津藩で仙台藩を想い、また「鳶駒吉」は仙台藩で会津藩を想っている、との意味を込め、2人が舞う長唄舞「俄獅子」に掛けて画いた画像ということになります。

さらに、この画像に一つだけ入れた酒樽銘柄が「名将」であることにも注目して下さい。「名将」は、4酒問屋が納めた3000樽24種の銘柄の内、鹿島屋利右衛門店納めで150樽あり、その1種1樽だけをあえて画き入れたのです。つまり、この2人が意味する会津・仙台両藩に掛けたのです。11月の今、両藩は完全に敗軍の将となっただけでなく、最大の「朝敵藩」として処分を待つ身です――処分が決まり達が下るのはこのあと12月7日のことです――。天皇在東京中の11月、実に大胆不敵なメッセージです。

これが万一バレて追及された時、役者絵・芝居絵としての形式がものを言います。いや、会津なんかではない、澤村訥升ですよ、仙台なんかではない、中村芝翫ですよ、2人の俄獅子舞ですよ、と。数ヵ月前の戊辰戦争諷刺錦絵と歌川国芳以来の言い逃れ戦術を合体させ、天皇東幸中に放った傑作中の傑作です。なお同時に、ここにも「天下泰平」「町内安全」の流し旗が画き込まれていることを見落としてはならな

上　図142　表ＢNo.7「天盃頂戴為御礼諸民欽楽東京麴町拾二丁目俄茶番」、大判3枚続、「辰十二改」、絵師喜斎立祥（2代広重）、板元濃州屋安兵衛、東京大学史料編纂所蔵。

下　図143　表ＢNo.8「天盃頂戴為御礼諸民欽楽東京府四谷之風景」、大判3枚続、「辰十一改」、絵師3代広重、板元濃州屋安兵衛、東京都江戸東京博物館蔵。

いでしょう。内戦が、ともかくも終息を見せた今、庶民の願いは二度と内戦が無いことなのです。

図142と図143は、画題から判るように、「天盃頂戴」を、それぞれ丁と町単位で祝った光景を、板元濃州屋安兵衛が、それぞれ喜斎立祥（2代広重、文政9年〔1826〕〜明治2年〔1869〕）と3代広重に依頼してできた作です。画像は一見した限りではまるで違いますが、それは依頼を受けた丁・町の広さによるものです。「麴町拾二丁目」は南北で200m余り、東西僅か50mにも満たない狭い丁（新宿区四谷1丁目北西角）で、反対に「四谷」は、そこを含む広範囲の町で、南北の幅は広くても300m余りですが、四谷御門から甲州道中内藤新宿へ向かって1・3㎞余りも西へ延びる細長い弓形の町です（JR四谷駅から新宿御苑北東角の大木戸跡までの街路一帯）。また、板元濃州屋安兵衛が住む「四谷伝馬町新壱丁目」（四谷2丁目北東角）もこの四谷町に含まれる小さな丁で、「麴町拾二丁目」は目と鼻の先にあります。

つまり、濃州屋安兵衛が、眼前で繰り広げられている11月4日以降の祭礼光景を、絵で記録するよう、大急ぎで2人の絵師に頼んだのです。喜斎立祥には安兵衛居住近くの丁「麴町十二丁目」の光景記録を頼み、3代広重には四谷町全部の丁の光景記録を頼んだのです。立祥は狭い一ヵ所なので一人で可能ですが、3代広重は、数日間にわたった祭礼にせよ、この広い範囲を一人で見るのは不可能ですので、弟子を配置し、素描を画かせ、それを基に弟子に確認しながら、「東京府四谷之風景」としてまとめたのでしょう。

改印は図142が12月で図143が11月ですので、広範囲を担当した3代広重のほうが早くできたわけですが、それは、実見記録として、四谷町での演し物一覧を画いただけのためで、反対に、立祥は下半部には実見した行列を丁寧に画き、上半部には、散々考えて凝った戯画を画いたためです。

先に、**「天盃頂戴為御礼諸民欽楽東京麴町拾二丁目俄茶番」**〔図１４２〕の下半部を見ます。「俄茶番」とは、芝居好きが集まって歌舞伎の演目を滑稽化して演ずるもので、特に幕末から明治前期にかけて流行ったようで、これは、麴町12丁目の者たちが4日以降におこなったものです。

まず、「麴十二」と丁名を記した「天盃頂戴」町幟〔図１４４〕を先頭に行列が進んでいます。２図には「ひき上りも　菅原　桂川」との幟〔図１４５〕が見えます。「引き上り」とは、勝利した軍勢が凱旋して戻ることです。確かにこの幟の前に、東幸行列で見られた前衛銃隊の仮装行列が画かれ、「引き上り」を演じていると判ります。その「引き上り」を、さらに「菅原　桂川」でやるというのがこの幟の意味です。「菅原」は『菅原伝授手習鑑《すがわらでんじゅてならいかがみ》』を意味するまずと思って見ると、「三段目　車曳の段」に登場する、梅王丸と桜丸兄弟、それに道真を陥れた時平公《しへいこう》が、装束通りの格好で車の前に画かれています〔図１４６〕。

車（輿）後方には酒樽「大勝利」が載っていますが、これに4店納めの銘柄にあり、この「大勝利」の酒樽を入れることで、「引き上り」の行進であることも示しています。輿の上にも「拾弐」の丁名が記してあります。

これとほぼ同じ図が、「天盃頂戴為御礼諸民欽楽東京府四谷之風景」〔図１４３〕の３図右下にあり、「車引の学《まなび》」の芝居幟に、「地おどり　同（麴町）十二丁目の分」として「菅原手習鑑車引の段」と記され〔図１４７〕、そこに、やはり梅王丸・桜丸・時平公とその青侍《あおざむらい》が画かれています。これにより、「麴町拾二丁目俄茶番」〔図１４２〕下半部に画かれた

図144　図142の３図「麴十二・天盃頂戴」の町幟。

図145　図142の２図「ひき上りも菅原 桂川」の芝居幟。

図146　図142の1～2図、格子文様2人が梅王丸と桜丸、白衣を上に重ねたのが時平公《しへいこう》、白服に黒烏帽子は時平の青侍《あおざむらい》。

図147　図143の3図下、芝居幟「車引の学」に続き、梅王丸・桜丸・時平公とその青侍が見える。

「引き上り」行列の演し物がほぼ事実であることが判ります。3代広重は四谷町全部の丁の祭礼様子を記す関係上、麹町12丁目についてはそれだけですが、問題は立祥が芝居幟に書いた「桂川」と、行列後半の図です。当初、「桂川連理の柵《しがらみ》」と思ったのですが、行列後半の人物中に帯屋長右衛門も信濃屋お半も見当たりません（前衛銃隊前の男女がそうかもしれません）。ですが、行列後半の人物〔図148〕を見ると、これが『菅原伝授手習鑑』「車曳の段」と同じ三段目で、それに続くいくつかの場面を演じていることに気づきます。まず目立つのが、高下駄を履いた若者が刀を「反り打ち」の構えで抜きかけている姿です。これは、超人的な力を持つことを表す「継足《つぎあし》」姿で登場した梅王丸が、松王の挑戦に対して《梅王も反打かへし》と、あわや兄弟同士の抜刀争いとなるか、という場面を演じているところです。

となれば、すぐ前の「悪人面」のお面を付けた男が松王役です。つまりこれは、梅王丸・松王・桜丸の三つ子の父、白太夫の70歳の賀を祝う佐太村での前半の出来事を表したもので、後ろの百姓姿がこの段の最初に登場する十作です。その後ろ、こちら向きの老人顔が白太夫で、向き合いながら妻八重を見やっているのが桜丸、続く3人の女性が兄弟3人の妻、やえ・はる・ちよです。この場面を「桂川」としたのだとすれば、佐太村が、桂川が流れ込む淀川に面した菅丞相《かんしょうじょう》の下屋敷であることを、京都の視点から表現したものか、と思われます。

《さながら君の行幸の如く》との語りが入る時平の行列に向かい、「車やらぬ」「車やらぬ」と実力阻止する梅王丸と桜丸をまず出し、時平の家臣となった松王に戦いを挑む梅王丸を後半にまた出し、己の迂闊な行動が菅丞相左遷のきっかけを作ってしまったことを悔い、自害することを父に告げにきた桜丸を出す。この演し物を、さながら凱旋行進の如く入った東幸への抗議だと断ずれば、祭礼時にはあらゆる芝居演し物を競って出す当時の江戸市民の感覚からズレた、深読みに過ぎた見方となるでしょう。

　ですが、時平は芝居では悪役中の悪役、その行列は氏神吉田神社への参詣行列です。それをあえて凱旋行進を意味する「引き上り」と称し、芝居には無い東幸行列の前衛銃隊を先頭に出す、この発想の根底に、下賜された酒樽「大勝利」を飲むことになった麹町12丁目の者たちの、複雑な思いがあることは間違いありません。そのことが、「麹町拾二丁目俄茶番」上部からも読み取れます。3図から2図の橋と枡形門は、麹町11丁目と

図148　図142の1図、松王・梅王丸・十作、白太夫・桜丸、やえ・はる・ちよが続く。

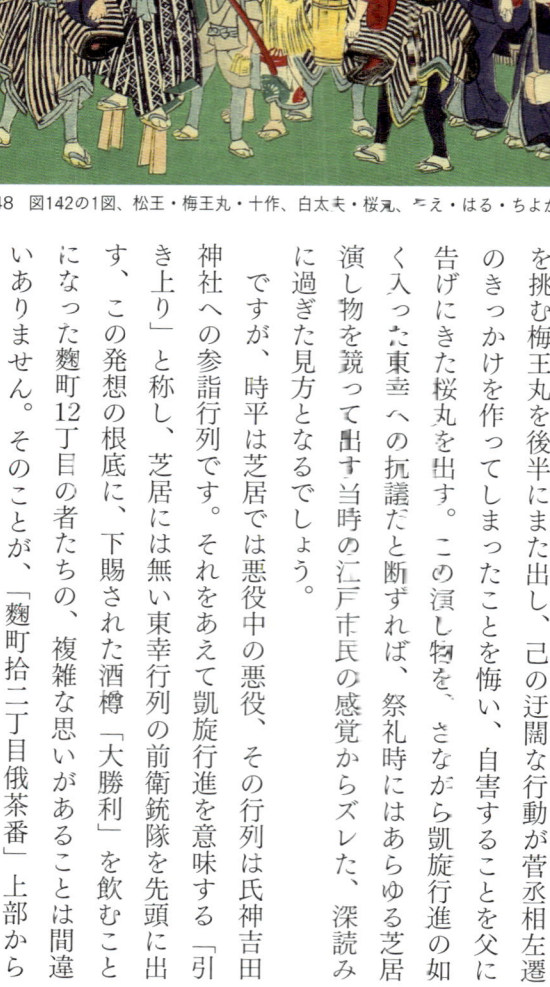

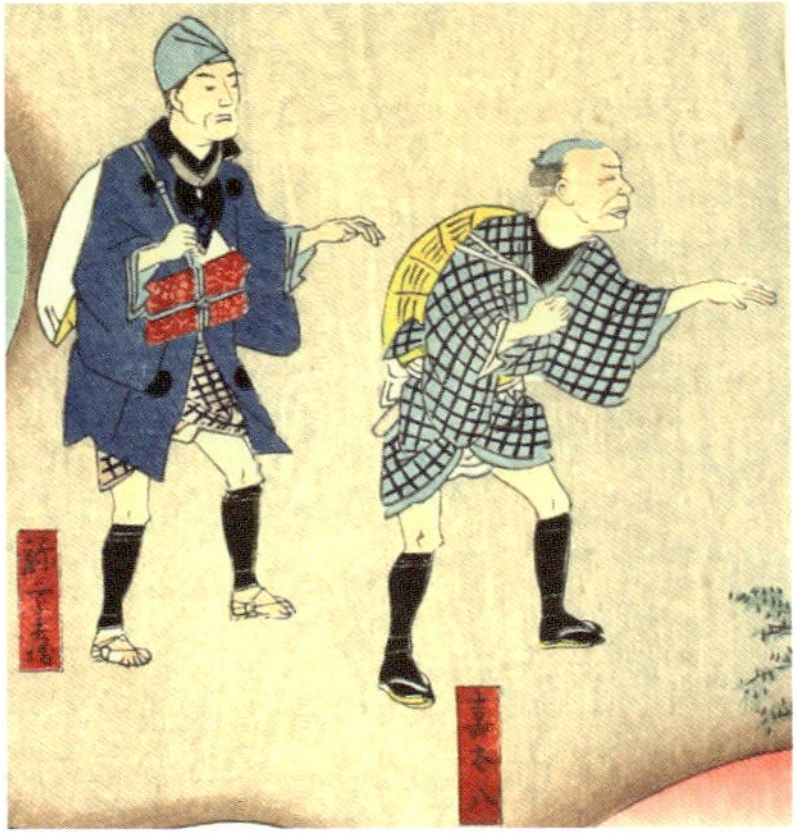
図149　弥二郎兵衛と喜太八。

図150　続編9の「色男」と「ばばあ娘」か。

10丁目を挟んでその東にある四谷門で、この先が麹町です。問題は、輿から降りる前の「時平公」が夢想したように画かれた、もう一つの田舎芝居です。

左側の男2人の内、喜太八《ママ》が芝居を見て、後ろの弥二《ママ》郎兵衛はたしなめている仕草のように見えます〔図149〕。拍子木を持つ興行人を除くと、芝居を演じているのは、遊女と男と角が見える婆の3人です〔図150〕。

ですが、『東海道中膝栗毛』全8編17冊にも、『続膝栗毛』全12編25冊にも、ピッタリと符合する場面はありません。ただ、男の頬被りの形は遊女と心中を図る意図を表しますので、続編9「善光寺道中膝栗毛」下巻で、2人が逗留した宿に長逗留していた「色男」と、喜多八が「ばばあ娘」と悪し様に言う宿の「いかず御家」が心中の相談をしていたのを盗み聞きした喜多八が見に行き、松の木に上って見ていたところ転げ落ち、駆けつけた弥次郎兵衛に笑われる、という話があり、その話に似ています。

絵の方をよく見ると、男が持つ桜色の団扇に、白く「十二」が浮き出るように画かれ〔図151〕、女の被りに「おやえ」とあります。これは少なくとも、「麹町拾二丁目」の者たちが演じた

図151　団扇に「十二」。

「車曳の段」に続く芝居で、桜丸が自害し、お八重が跡を追おうとした場面に引っかけていることだけは確かです。それを、心中現場を見に行った喜多八の話を「時平公」が夢想しているように表したのでしょう。おやえの帯に、徳川慶喜《よしのぶ》の符号として散々使った「二の字繋ぎ」文様を入れてあるのも気になります。

絵師喜斎立祥は板元の注文に応じ、下段に麹町12丁目の者たちが演じた『菅原伝授手習鑑』「車曳の段」とそれに続く芝居を正確に記録しながら、上段には、そんな芝居を演じたことについて、考えに考え、「時平公の夢想」という形で、自らの不安を表明したように思えてきます。《東幸時の「前衛銃隊」仮装まで出して「引き上り」と称し、「車やらぬ」「車やらぬ」の「車曳の段」など演じてしまって、大丈夫なのか麹町12丁目は……、滅亡した幕府と心中する気でもあるまいし、町中お咎めなどにならなければ良いが……》といったところでしょうか。板元濃州屋安兵衛が、広い四谷町全体を3代広重に頼みながら、そこに含まれる「麹町十二丁目」だけをあえて別に記録するよう、喜斎立祥に依頼したのも、この芝居の際どさがあまりにも目立ったからでしょう。

全四谷町の演し物・山車《だし》一覧図、**「天盃頂戴為御礼諸民欽楽東京府四谷之風景」**〔図143〕は、これまでの祭礼時の「山車尽し」を踏まえたもので、直接的には安政6年（1859）の歌川芳員《よしかず》「神田祭出しづくし」に倣って画いています。下段には麹町12丁目のほかにも出た大がかりな楽車《だんじり》・山車を記し、中段に踊屋台、上段に様々な飾り立てを記録しています。下段を通覧すると、12丁目の「地踊り」のほか、右から「地走り」（屋台無しで歩行で踊り歩く芝居）「道外（化）おどり」「道外地おどり」などと記したうえで、忍町が「名取り草」、塩町2丁目が「三番叟《さんばそう》」など、多くが踊りを出しています。

図152　塩町1丁目の演し物、楽車で「三人之踊」、下で「大津絵節」の仮装。

その中、四谷塩町1丁目は、書役徳兵衛が日記を書いた町ですが、11月6日に「今日町内ニ而踊屋台出来、但狂言之義者左之朝比奈其外三人之踊ニ而、珍敷見事ニ出来仕候」と記しています。画像の楽車踊りは「朝比奈」ではなく、「其外三人之踊」のようですが、楽車の前の行列は「大津絵の学《まなび》」とある通り、「大津絵節」の歌詞に出てくる「雷太鼓（鬼の奉加帳）」「塗り笠女形は藤の花」「座頭」「鯰」「釣り鐘弁慶」が勢揃いしています。ただし、これも徳兵衛の記録には無く、徳兵衛は山車として「将棋の駒」を絵入りで記しています。

数日間にわたった四谷全町の祭礼を、3代広重の弟子が分担し合って画いた程度では、画き切れないほどの演し物が出、また徳兵衛にしてもそれほど多くは記していないため、二つの記録に差が生じています。

先に、図122の解析で記したように、4日の時点では、徳兵衛ら町役人は、酒樽運搬を軽く済ませようとしましたが、他丁と競い合う家主たちに押され、運搬費だけで結局4両もかけました。塩町1丁目の町入用の細目が判る「町入用押切帳」には、天皇東幸中の多様な費用が費目ごとに7両、3両と記されていますが、6日の楽車・踊りの費用記載は見当たりません。ただ「日録」の8日に、1丁目の祭礼総勘定が125両と「相嵩《かさ》」み、「重立方々《おもだちかたがた》種々《くさぐさ》御心配」と記録しています。「御酒下賜」は、東京府民に多様な反応を生み出した一方、いったん祭礼化すると際限ないほど騒ぎ立つのが時の府民でもあったようです。

上　図153　表Ｂ№9「東京幸橋御門内の図」、大判3枚続、「辰十一改」、絵師3代広重、板元新井三之助、菊水酒造株式会社、菊水日本酒文化研究所蔵。

右　図154　表Ｂ№10「東京名勝図会　幸橋御門うち」、大判縦1枚、「辰十一改」、絵師3代広重、板元平野屋新蔵、著者蔵。

上　図155　表B№11「東京幸橋之図」、大判3枚続、「辰十一改」、絵師3代広重、板元◇に萬（不明）、みずい版画（画像提供）。

下　図156　表B№12「御酒頂戴」、大判3枚続、「辰十一改」、絵師3代広重、板元海老屋林之助、国立歴史民俗博物館蔵。

上　図157　表ＢNo.13「東京汐留新橋之図」、大判3枚続、「辰十一改」、絵師3代広重、板元津国屋伊三郎、東京大学史料編纂所蔵。

下　図158　表ＢNo.14「ありがたき御代万代を寿て御酒下されを祝ふ万民」、絵師3代広重、板元伊勢屋鎌吉、小西四郎『錦絵幕末明治の歴史』5「明治の新政」より転載。

四　庶民の願いを代弁する3代広重

「東京幸橋御門内の図」〔図153〕から「ありがたき御代万代《よろづ》を寿《ことふき》て御酒下《くだ》されを祝ふ万民《ばんみん》」〔図158〕まで、6点すべて3代広重の画です。広重は第一章で触れたように、8月でも「当世長っ尻な客しん」〔図12〕（31頁）を出すなど、官軍批判の諷刺錦絵を積極的に画いてきました。しかし、「東幸行列図」も10点出し、全体的に板元の要請に応えつつ、諷刺は抜いても事実性を重視する報道的な錦絵を出してきました。その広重が「天盃頂戴図」ではどんな画を出すか、そこに注目して見ていきます。

図159　図153の2図、世直し・天下泰平・東京の酒樽。

図160　図153の3図、世直し・天下泰平の酒樽。

まず、**「東京幸橋御門内の図」**〔図153〕。板元は新井三之助です。酒樽銘柄が「世直し」「世直し」「天下泰平」「天下泰平」のオンパレードです〔図159・160〕。「東京」という樽も見えます。こんな銘柄は酒問屋4店納めの銘柄に無いのはもちろん、町人が買い足したにしても、町の酒屋にもないはずです。これは、絵師3代広重の現時点でのせめてものメッセージです。いえ、3代広重が代弁した、東京市民の大多数の心の叫びでしょう。

「世直し」はつい2年半ほど前、江戸で下層市民が打ち毀し行動に出た時にも出ました。天保期から30年超、各地で使われましたが、登場するのは世の中が庶民の願う方向に大きく変わって欲しいという時です。新政府の施す政治がまだ見えない中、新しい時代は庶民にとっての世直しであって欲しいという、そういう期待でしょう。それと「天下泰平」。この時期、「天下泰平」は内戦の終息に安堵し、もう二度と内戦が無いことを願う東京府市民の、絶対多数の気持ちを表現したものです。

では、「東京」の酒樽の意味は？ 図137（191頁）の解析でも触れましたが、やはり、この御酒下賜の内実は、東京の酒問屋が、東京府に納めた3000樽に、政府の購入した7樽を混ぜて「天酒」としただけだということも、もうバレているのでしょう。しかもこれは、元々町人たちが積み立てた金で、東京府が取り敢えず払ってくれたんだと、その気持ちを「東京」の架空銘柄で表したのです。こうして、数ヵ月前までは、官軍批判の錦絵を画いていた3代広重は、もう正面切って批判はできなくなったものの、庶民の願いや本音だけは、せめて画いてやろうじゃないか、と、この錦絵を出したのです。

板元新井は築地小田原町の住人です。3図左隅に「応需広重筆」と入れ、その真下に「小田原町」の法被を着、「世直し」「天下泰平」の酒樽前で町内の皆と踊っている男を広重は画き入れました〔図161〕。

図161　図153の3図、小田原町の半纏男と板元印「新井」。

板元新井が、「小田原町」法被男の頭の後ろに板元印を入れられる位置に画いたのです。版元の具体的な提案は判りませんが、「応需」として新井の提案に喜んで同意し、板元の背にある庶民の願い、「世直し」「天下泰平」を画面全体に、これでもかとばかり画き込んだのです。

図162　図154の右から中央部の拡大、幸橋門外へと進む「世直し」酒樽。

「東京名勝図会　幸橋御門うち」（図154）は、「東幸行列図」を板元平野屋新蔵から4点も出していた大判縦1枚揃物「東京名勝図会」の一つです。また、（図47）（84頁）に提示したように、この揃物には東幸とは無関係の画題も多く、このあと長く続くシリーズすべてに「広重筆」とだけあり、板元が途中で交替もしますので、広重の提案による揃物であることは確実です。

その揃物である図154は、シリーズ名を取れば図153とほぼ同じ画題で、同じ場所です。そして、こちらの酒樽も「世直し」「天下泰平」です。また図153にもいますが、裃姿の町人が画き込まれています。すでに図122（182頁）の解析で述べたように、画題にある「11月4日」に東京府庁舎前で全市中分の御酒を分配するので、名主共は麻裃着用の上、惣代を町々一人宛連れてくるように、と東京府から命じられていました。その町触通りの姿で出た町名主を画いたのです。東京府庁舎前での、この正装した町名主の姿を入れながら、下賜された酒樽銘柄にはあり得ない「世直し」「天下泰平」を堂々と画き、そのうえで町名主が踊る。ここに、庶民の願望を画像にする、3代広重の真骨頂が発揮されています。

図163　図154の左下、「天下泰平」酒樽の上で踊る町名主。

図166 図156の1図、「女用心」。

図165 図156の2図右、「福助」姿。

図164 図155の2〜3図拡大「世直し」酒樽。

「東京幸橋之図」〔図155〕の板元◇に萬は、まだ不明です。この画題も「幸橋」ですが、これは東京府庁舎から出てくるところです。この酒樽も「世直し」にしました〔図164〕。3代広重の強い思いです。行列の先頭に「天酒頂戴」幟を掲げた男が、卑猥な被り物を被っています。実は「応需」とある5点の内最後の図158以外の全部に、こうした卑猥な物が画き込まれています。「応需」ではない図154には無いことを考えると、3代広重の好みではなく、板元の注文と思えるのですが、祭礼化した途端にこうした物を持ち出すのも、この時代の特徴でしょう。

「御酒頂戴」〔図156〕。板元は海老屋林之助です。3図の絵師名はただ「広重筆」とだけありますが、1図には「応好広重筆」とあるので、これにも板元の注文が有ります。ただ、場所や画題を示す明確な物は何も無いことを考えると、どうやら注文は2図右の、裃姿で福助の張りぼてを被った男〔図165〕や、2図左や1図左の「女用心」〔図166〕などの卑猥な演し物を含んだ祭礼化現象の記録にあるようです。それでも3代広重は、ここでも酒樽は、ただ「天下泰平」と「世直し」の樽だけ〔図167〕を画き込むのです。板元の注文には応じても、庶民の願いは俺が引

図167　図156の3図拡大、「天下泰平」・「世直し」酒樽。

き受けて画く、そんな3代広重の信念が伝わってきます。

「東京汐留新橋之図」〔図157〕。板元は津国屋伊三郎です。画像分析以前の小さな難問があります。

2図下に「応好広重筆」とある〔図168〕のに、1図左脇の「天盃頂戴」幟の左隅に「立斎筆」と見えるのです〔図169〕。立斎とは図142（198頁）を画いた喜斎立祥、2代広重です。一番下の字は実寸幅1㎜強しかないため彫りが難しく、字が崩れていますが、「筆」とすれば、大筋は3代広重が画いたものの、一部については、兄弟子立斎の助力を得たということになります。「2人は仲が悪かった」という通説は再検討が必要です。どの部分かは判りませんが、この画像で目立つのは、2図左で上半身裸の女性が卑猥なものを背負って踊っているところです。先に述

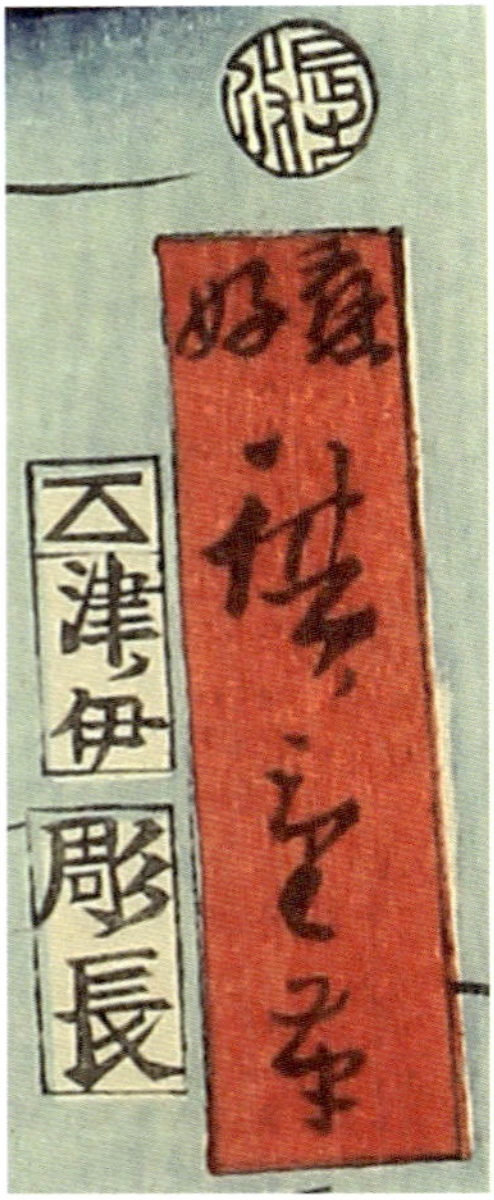

図168 「応好広重筆」。

図169 「立斎筆」。

べましたが「広重筆」とだけある図154にはこの手の物はありませんので、3代の好みでは無いでしょう。板元の注文に応えるのに2代の手を借りた、というのはこのあたりの可能性もあります。それでも3代は「東京」の酒樽をその女の下にも、1図にも入れました。東京の酒問屋が納めた酒を、東京府が政府に替わって買い上げたのだといった真実を、ここでも伝えています。

「ありがたき御代万代を寿て御酒下されを祝ふ万民」〔図158〕の板元に伊勢屋鎌吉です。「応好広しけ戯筆」とあります。好みに応じての「戯筆」だと言うのです。どこが「戯」なのでしょう。正面に「聖徳太子」画像が掛かっていますが、これ自体は天皇の代用としてよく出る画像で、「戯」ではありません。その太子画像が光を放ち、「またとないことぢや、えんりようなく、てうだいさつしやれ」と呼びかければ、「こんなありかたいことは、この世にあろか」と応え、「もつと〱」とか「モヲのめね〱」などと、「御酒下賜」を喜んでいます。

実は、この「太子像」である天皇の呼びかけに応えて皆が喜ぶ光景自体が、「世直し」を願う3代広重にとっては「戯《たわむれ》」なのであり、空虚な「戯」を画いたにすぎませんよ、と言いたいのです。板元の好みに応えながら、これは「戯筆」です、としたのです。

本書のおわりに

東幸錦絵群の解析で判明した絵師・板元のスタンス

「東幸行列図」37点・「天盃頂戴図」14点を解析してみて、「天皇東幸」に対し、それぞれの絵師や板元は非常に個性的で、固有のスタンスをもって臨んでいたことがはっきりと見えてきました。

2代国輝《くにてる》は「東幸行列図」に内侍所《ないしどころ》を意識して入れる東幸大歓迎の絵師で、彼を絵師として選んだ山本屋平吉は、「東幸行列図」では「神々の出迎え」を入れた想像図を、「天盃頂戴図」では「今ぞ天子の民なりとて勇《いさみ》にいさみし」といった、平田派国学の影響が明確に読み取れる画賛を画いてもらい、辻岡屋文助は、「東幸行列図」では町人は見ることができなかった西丸表玄関前への鳳輦《ほうれん》到着場面を、「天盃頂戴図」では画題に菊花透かし模様を入れてもらうなど、東幸大歓迎の板元だったことが判ってきました。

一方、対局に位置していた絵師が歌川芳藤《よしふじ》でした。「東幸行列図」では、その国輝が画いた画像を拝借し、朝威のシンボルである錦旗日月旗《きんきじつげつき》の太陽に「改印《あらためいん》」を入れさせ、権威を虚仮《こけ》にするという大冒険を、板元澤村屋清吉と共にしでかしたのです。ただ、そのストレートな抵抗のためにか、バックを金色とし、紫雲を入れるなど、屈服を示さざるを得なかった「行列編成記録図」も残しました。その記録図を芳藤に託した古賀屋勝五郎は、6月には芳藤とコンビで官軍批判の中でも天皇諷刺が強い錦絵を出し、その前、5月の上野戦争直後には、自らの板木の一部を削り取り、もう江戸に名所上野は無くなったと、官軍に強い怒りを抱いていた板元でした。東幸のもとで、奪われた自由に呻吟する絵師・板元がいたのです。

8月にも強い官軍批判の錦絵を出していた3代広重は、「東幸行列図」にも「天盃頂戴図」にも、多くの板元の依頼に応じましたが、注文自体が事実と異なったり、間違った画像を画いてしまった場合には、自身が企画した縦1枚揃物で、事実に即した画を出し直すなど、事実性を重視するスタンスで「東幸行列図」に臨んでいました。その中で、本郷から戸田までが含まれる氷川《ひかわ》行幸図では、異常に膨張した前衛銃隊を目立たぬ形で強調するという作品を残しました。この地域には、寛永寺領や輪王寺宮《りんのうじのみや》を崇敬する村々が広がり、官軍入城以来いくつもの反政府行動が展開され、つい8月にも旧幕府脱走兵が解兵して潜伏したままだったため、政府が特に警戒し、前衛銃隊を強化していたことを強調したのでした。

3代広重は「天盃頂戴図」でも真骨頂を発揮しました。11月4日の「酒樽運搬」光景を頼まれた5作品すべてに、旧幕府御用酒問屋が納めた3000樽24種の銘柄にはもちろん、町人買い足しの銘柄にも無い、「世直し」「天下泰平」「東京」を、酒銘柄として化粧樽に記したのです。「世直し」には、世の中が庶民の願う方向に大きく変わって欲しいという願いが、「天下泰平」には、もう二度と内戦などを起こして欲しくないという願いが、そして「東京」には、「天盃頂戴」の内実暴露が込められていたのです。

芳藤と同じく国芳《くによし》の門人で、すでに独特の画風を切り拓いていた魁斎月岡芳年《かいさいつきおかよしとし》は、着御《ちゃくぎょ》前の作品では気が乗らない感じでお茶を濁していましたが、着御後に丸屋甚八に依頼された2作品、とりわけ3枚続3点を繋げれば9枚続となる大作では、土下座までして絵師としての延命を図る狩野派お抱え奥絵師と、能楽継承のためとはいえ主家を捨てて「朝臣」となることを示さざるを得なかった旧幕臣能楽師たちをあざ笑うかのように、パノラマ画面に入れていました。

豊原国周《とよはらくにちか》は役者絵として澤村訥升《さわむらとつしょう》と中村芝翫《なかむらしかん》を画き、訥升演ずる「お菊」を会津藩、芝翫演ずる「鳶駒吉」を仙台藩とし、歌舞伎の中で2人が想い合って踊る長唄舞「俄獅子《にわかじし》」を画き、しかも24種3000樽の中から「名将」一樽のみを選び、今は敗軍の将で「朝敵」としての処分を待つ身の二藩に掛けるという、大傑作を残しました。逃げ道が用意できる絵役者の国周にしてこそ、なし得た作品でした。

喜斎立祥《きさいりっしょう》（2代広重）が濃州屋安兵衛に頼まれ、天盃頂戴騒ぎに麴町12丁目の者たちが演じた「菅原伝《すがわらでん》授手《じゅて》習鑑《ならいかがみ》」を画いた画像からは、画いた立祥自身が考え込んでしまった姿が想像されました。悪役時平《ときひら》の吉田神社参詣行列を、あえて凱旋を意味する「引き上り」とし、芝居には無い前衛銃隊の仮装を出し、梅王丸と桜丸が「車やらぬ」と阻止する芝居を、見た通りに画いた立祥が、麴町12丁目の者たちを案じ、弥次喜多の中の心中話を時平が夢想する、という形で心配を表したのでした。麴町12丁目では、下賜された酒「大勝利」を飲むことになり、複雑な気持ちを抱き、この演し物を演じたのだと思われます。

板元の要請に応えつつ画いた絵師たちの東幸錦絵が多様な様相を見せたのは、板元の背後にある、江戸・東京市民の東幸に対する思い自体が多様であり、各絵師もまた、それぞれのスタンスで表現したからなのですが、市民の多様な思いの中で、最も切実な絶対多数の声を、東幸を大歓迎して画いた国輝の図122「明治元歳十一月四日……」（182頁）に見出すことができます。3図下に、「天下泰平」と記された飾り御幣《ごへい》が画き込まれているのです〔図170〕。

「天下泰平」は酒樽銘柄としては無くとも、手作りの御幣であれば、あっても全く不思議はありません。御幣の左先端に、「霊岸島《れいがんじま》」の町名札が付いています。霊岸島には、東京中に下賜した酒を東京府に納めた4酒問屋の内、3店が集中しています。しかも、その内の一店は、前年12月に薩摩藩兵が率いた盗賊に襲われ

図170　図122の3図下、部分拡大、天下泰平飾り御幣。

ていましたし（187頁）、その前夜には、町内の町屋に「薩摩言葉」を話す賊徒多数が押し入り、自身番屋人が鉄炮で撃ち殺され、駆けつけた同心一人も殺されるという事件が起きていたのです（『藤岡屋日記』第15巻）。その霊岸島の町人たちが、酒樽に付ける御幣の飾り札に「天下泰平」と墨書したのは、それ以外の詞は思いつかないほどの、心底からの願いであったからに違いありません。

国輝が霊岸島の事件を知っていたかどうかは判りませんし、おそらくは、ただ見たままを記しただけとは思いますが、官軍勝利を喜ぶ国輝であっても、「天下泰平」に異を唱える気持ちは無いでしょう。

二　「朝威」の核《コア》、天皇神格化の誇示がもたらすもの

在東京の新政府高官たちが、江戸の庶民は全く知らないと嘆いていた「朝威」、すなわち「朝廷の権威」は、「歴史上の天皇は記紀神話上の神々に連なっているのだ」というストーリー無しには成り立ちません。なぜなら「朝威」の核《コア》には「天皇の神威」、すなわち天皇の神格化が不可欠だからです。

国輝が「神々による出迎え」を想像図に入れた時、そこにはこの天皇の神格化が、思想として含まれていました。天皇の神格化という問題は、従来、それを必須とする側、すなわち権力の掌握を目指して利用する側の論理として語られるか、でなければ、神格化された天皇制の支配によって人権が剝奪された国民と、侵略を受けた他国民の論理として語られてきました。両側面からの解明は、今なお必要ではありますが、ここで視点を変え、天皇という人格にも即し、今少し広い角度から考えてみます。

天皇の神格化ということは、生身の人間である天皇に神威を付与することです。発輦《はつれん》時の満年齢15歳の少年天皇睦仁《むつひと》に、何ほどの「神威」も有るはずはなく、だからこそ「朕《われ》幼弱を以て猝《にわか》に大統を紹《つ》ぎ」と弱

音を吐露する文で始まる「宸翰《しんかん》」を示し、大坂行幸に出たのでした。この大坂行幸が、「東幸」となって東京に到着した時、そこに含まれる「朝威」に鋭く反応していたのが魁斎芳年でした。

芳年は、同時期に全力を込めて制作に励んでいた揃物『魁題百撰相《かいだいひゃくせんそう》』で、「敵」に対しては「優しさ」などを捨て去らなければ生き残ることのできない、凄惨な戦場の人間を、独自のリアリズムで生々しく画いていました。それと全く対照的に、「賊徒」を平らげて凱旋行進する東幸行列を画くにあたり、9枚続きの東幸行列図では、前衛銃隊兵・後衛銃隊兵はもちろん、政府高官に至るまでの供奉《ぐぶ》の従者たちすべてを、無機質・無表情なまま、機械的に行進する姿に画いたのでした。芳年はこの場面の中で「狩野派お抱え奥絵師」と「旧幕臣能楽師」が、新権力に抱えられるために、「朝威」を誇示する行列に向かい、土下座しなければならない現実を、画筆の力だけで生きる己と対比させていたのです。

芳年は、ここで、そもそも「朝威」というものの前には、自己の生き方を曲げなければ生きることができない人々がいることを、図らずも突いてしまいました。芳藤や古賀屋勝五郎が、奥絵師や能楽師とも違い、己の主張を曲げ、屈服を示さざるを得ない状況に追い込まれたのも、「朝威」の反面でしょう。

翻って、そのことを天皇自身に当てはめてみると、どういう問題が浮かび上がってくるでしょうか。

本書の冒頭に掲げた天皇像二つを比べ見た時、満6～7歳の祐宮像からは、小児としてとても可愛らしい風貌が窺えるのですが、東幸4年後の写真からは、無理に「威厳」を付けさせられているような感じを受けるのは、私だけでしょうか。生身の人間に「神威」を付与することは、その人にとっても、人間らしい生き方を曲げていかなければならない「不幸」を背負わせることになるのではないでしょうか。鳳輦の中の天皇に、そんな人生が待っていたように思えてなりません。

参考文献・典拠史料一覧

以下、A辞典・地図、B著書、C論文、D典拠活字史料、E典拠原写本史料（含MF史料）とし、本書全般と各章での活用順に掲げる。

《本書全般》

A1 Andreas Marks, *Publishers of Japanese Woodblock Prints: A Compendium*, Leiden-Boston Hotei Publishing, 2011.
2 日本浮世絵協会編「原色浮世絵大百科事典」第三巻『様式・彫摺・版元』（大修館書店、一九八二年）。
3「復刻古地図」1『慶応元年大名小路絵図』～30『安政三年隅田川向島絵図』全30冊（人文社）。
4 日本歴史地名体系13『東京都の地名』（平凡社、二〇〇二年）。
5 平井聖監修・浅野伸子解説『幕末明治の江戸城』（学習研究社、二〇〇三年）。

B1 宮地正人『幕末維新変革史』上・下（岩波書店、二〇一二年）。
2 保谷徹『戊辰戦争』（吉川弘文館、二〇〇七年）。
3 大久保純一『浮世絵出版論』（吉川弘文館、二〇一三年）。
4 奈倉哲三『諷刺眼維新変革　民衆は天皇をどう見ていたか』（校倉書房、二〇〇四年、本文中略記拙著A）。
5 奈倉哲三『絵解き　幕末諷刺画と天皇』（柏書房、二〇〇七年、本文中略記拙著B）。

C1 奈倉哲三「東京都公文書館所蔵文書から探る天皇第一回東幸」（『跡見学園女子大学文学部紀要』第52号、二〇一七年、略記拙論A）。
2 奈倉哲三「第一回東幸における『東幸行列図』『天盃頂戴図』の虚実（一）」（『東京大学史料編纂所附属画像史料解析センター通信』第80号、東京大学史料編纂所、二〇一八年一月、略記拙論B）。
3 奈倉哲三「第一回東幸における『東幸行列図』『天盃頂戴図』の虚実（二）」（『東京大学史料編纂所附属画像史料解析センター通信』第81号、東京大学史料編纂所、二〇一八年四月、略記拙論C）。

D1 宮内庁『明治天皇紀』第一（吉川弘文館、一九六八年）。
2 東京帝国大学蔵版『復古記』全15冊（内外書籍、一九三〇年）。
3『東京市史稿』市街編第五十（臨川書店、一九六一年）。
4『東京市史稿』皇城篇第四（東京市、一九一六年）。
5『明治文化全集 第17巻 皇室編』（日本評論社、一九二八年）。
6 江戸東京博物館史料叢書6『四谷塩町一丁目書役徳兵衛日録』（東京都江戸東京博物館、二〇〇三年）。
7 大日本古記録『齋藤月岑日記九』（岩波書店、二〇一三年）。
8 多田好問編『岩倉公実記』下巻一（皇后宮職、一九〇六年）。
9『藤岡屋日記』第15巻（三一書房、一九九五年）。

《本書のはじめに》

B1 岡部精一『東京奠都の眞相』（仁友社、一九一七年）。
2 藤野淳『東京都の誕生』（吉川弘文館、二〇〇二年）。
3 浅井勇助『近世錦絵世相史』第二巻（平凡社、一九三五年）。
4 小西四郎『錦絵　幕末明治の歴史』5（講談社、一九七七年）。
5 久住真也『王政復古』（講談社、二〇一八年）。

C1 奈倉哲三「『太政官日誌』の発刊意図とその基本的性格」（『メトロポリタン史学』第4号、二〇〇八年、略記拙論D）。

《第一章》

A1 万延元年岡田屋版「万延江戸図」（古地図史料出版複製版）。

B1 佐々木克『江戸が東京になった日』（講談社、二〇〇一年）。
2 秦達之『尾張藩草莽隊』（風媒社、二〇一八年）。

C1 奈倉哲三「もう一つの戊辰戦争」（『国立歴史民俗博物館研究報告』第一五七集、二〇一〇年、略記拙論E）。
2 奈倉哲三「『上野のお山』をめぐる官軍と江戸市民の攻防」（奈倉哲三・保谷徹・箱石大編『戊辰戦争の新視点　下　軍事・民衆』吉川弘文館、二〇一八年、略記拙論F）。
3 奈倉哲三「史料蒐集の醍醐味――戊辰戦争期の江戸民衆意識の解明を目指して」（『人文学フォーラム』15、二〇一七年、略記拙論G）。

D1 江戸東京博物館史料叢書7『四谷塩町一丁目幕末御触留』（東京

都江戸東京博物館、二〇〇四年）。

2『大久保利通文書』二（東京大学出版会、一九二七年）。

E1木板摺り物「（慶応四戊辰年閏四月）乍恐奉歎願候」（著者蔵）。

2「乍恐奉歎願候」（板橋区立郷土資料館蔵、粕谷尹久子家文書）。

3「寛永寺記」乾（東京大学史料編纂所蔵）。

4「大村益次郎覚書」（東京大学史料編纂所蔵、維新史料引継本）。

5広瀬順晧編「江藤新平関係文書MF版」（北泉社、一九八九年）。

6『四ツ葉村諸留』第48冊（東京大学史料編纂所蔵）。

7東京都公文書館所蔵文書634-A4-35「府治類纂」35東幸（戊辰）。

8東京都公文書館所蔵文書605-A3-06「達掛合留」乾「関門の部」。

9東京都公文書館所蔵文書605-A3-08「御達留」。

10東京都公文書館所蔵文書634-A4-07「府治類纂」7警備。

11東京都公文書館所蔵文書634-A4-35「府治類纂」30行幸・行啓。

12明治元年「氷川行幸御列帳」（埼玉県立文書館蔵、西角井家文書）。

13東京都公文書館所蔵文書605-A3-02「行政官御布告留」。

14「内侍所御羽車新調修復一件書上」（宮内庁書陵部図書寮文庫蔵）。

《第二章》

B1『月岡芳年魁題百撰相』（二玄社、二〇一二年）。

2加藤陽介『鬼才月岡芳年の世界』（平凡社、二〇一八年）。

3奥中康人『幕末鼓笛隊』（大阪大学出版会、二〇一二年）。

4村上重良『国家神道』（岩波書店、一九七〇年）。

C1杉山正司「明治天皇御東幸六郷川船橋架設絵図」（『郵政博物館研究紀要』5、（郵政博物館、二〇一三年）。

2安丸良夫「解説」論文『宗教と国家』（岩波書店、一九八九年）。

D1『熾仁親王日記』一（東京大学出版会、一九三五年）。

2『島田市史』下巻（島田市、一九七三年）。

3『新修平田篤胤全集』別巻（名著出版、一九八一年）。

4『品川区史　続史料編第2』（東京都品川区、一九七六年）。

5アーネスト・サトー『一外交官の見た明治維新』下（岩波書店、一九六〇年）。Ernest Mason Satow, *A DIPLOMAT IN JAPAN*, GANESHA PUBLISHING EDITION, SYNAPSE, 1921, p.391.

6『御東幸御用記録』1（財団法人国際交通文化協会、一九四二年）。
7 *THE JAPAN TIMES' OVERLAND MAIL*. Dec. 2, 1868.（北根豊編『日本初期新聞全集』19、ぺりかん社、一九八九年）。
8梅若六郎ほか監修『梅若実日記』第二巻（八木書店、二〇〇二年）。

9『江戸町触集成』第18巻一六九四六号（塙書房、二〇〇二年）。

E1東京都公文書館所蔵文書605-A3-17「神奈川往復書状留」坤16。

2東京都公文書館所蔵文書605-A4-15「理事理事彙輯乙部諸綴込」。

3東京都公文書館所蔵文書605-A4-04「町触帳 常務掛」。

4東京都公文書館所蔵文605-A3-03「鎮将府御布告留」。

5『増上寺日鑑』月10-118「慶応四辰年正月ヨリ当月番林松院」（増上寺所蔵文書）。

6木板本『公私雑報』第五号（著者蔵）。

7木板本『太政官日誌』第五号（著者蔵）。

8堀内郁之助画「大総督東下之図」（藤沢市文書館寄託、堀内家文書）。

9木板本『東京城日誌』第一号（著者蔵）。

10慶応二年八月「口上覚（長防征伐勝利御祈禱執行届）」（埼玉県立文書館蔵、西角井家文書）。

11慶応三年十一月「覚（武運長久御祈禱ニ付）」（同館、同家文書）。

12慶応四年三月「（官軍御下向ニ付陣中安全祈禱執行届）」（同前）。

13慶応四年七月「一札之事」（別当寺廃止ニ付）（同前）。

《第三章》

B1横地信輔『東京酒問屋沿革史』（東京酒問屋統制商業組合、一九四三年）。

2須田千里・岩田秀行校注『明治戯作集』（岩波書店、二〇一〇年）。

3祐田善雄校注「菅原伝授手習鑑」（『文楽浄瑠璃集』岩波書店、一九六五年）。

D1朝倉治彦ほか編『守貞謾稿』4（東京堂出版、一九九二年）。

E1東京都公文書館所蔵文書632-E1-08「順立帳」第7冊。

2「続膝栗毛」9編「善光寺道中膝栗毛」下（国立国会図書館蔵）。

あとがき

東京に新たな権威として立ち現れた天皇と、迎える民衆について、蒐集した原文書のうえに東幸錦絵を載せて解析していったところ、意外な姿が次々と見えてきました。「神々の出迎え」を入れて大歓迎を示す絵師、正面から「朝威」を虚仮にして折れた絵師、逃げ道を用意して「朝敵」会津・仙台を称える絵師、庶民の願いは「天下泰平」と「世直し」にありと何度も示す絵師、幕府に抱えられていた奥絵師らが新たな「朝威」の前に土下座して延命を図る姿をあざ笑う絵師、「天盃頂戴」騒ぎの中で際どい芝居を演じた町人を心配する絵師……。「東幸錦絵」は、かくも豊かな民衆像を提供してくれる史料群でした。この分析を進めていく中で、「朝威」の核《コア》だった「天皇の神威」について、今日にも繋がる問題があることを、考えざるを得ませんでした。

本書が出る頃、すでに明仁《あきひと》天皇は退位し、現在の皇太子徳仁《なるひと》親王が即位していることと思います。「生前退位」が天皇自身の希望として語られてから、多くの意見が飛び交いましたが、私には、生身の天皇自身の声として、あまりにも当然のことと思えました。神々の系譜に連なるといった荒唐無稽な神話に未だに固執し、「神聖視」することが、どれほど人間としての天皇を苦しめることになるのか、「神威」の問題を法律論議に留めず、「皇室ファミリー」を含むすべての人の、人間としての幸せの問題として考えるべき時が来たのだと思います。

＊　＊　＊

本書執筆のため、調査した錦絵および原文書所蔵機関は多数に上りました。列記することはできませんが、すべての機関・個人の方に厚く御礼を申し上げます。ただ、コラム2に記しましたように、「東京高輪之勝景」縮刷版は当時のものではない、と指摘された畏友岩田秀行さんと新藤茂さんには、特に深甚の謝意を表します。

本書は二〇一六年度東京大学史料編纂所一般共同研究「明治天皇第一回東幸の史料学的研究」（代表奈倉哲三）の成果を基にしたものです。東京大学史料編纂所に心からの御礼を申し上げます。末尾となりましたが、東京堂出版の小代渉さんなくしては、このような形の本は、世に出なかったでしょう。ありがとうございました。

二〇一九年四月八日　　奈倉哲三

【著者略歴】
奈倉哲三（なぐら・てつぞう）
1944年、東京に生まれる。
早稲田大学大学院文学研究科修士課程修了。
東京都立大学大学院人文科学研究科博士課程単位取得。
文学博士（1990年、東京都立大学）。
山陽学園大学教授、跡見学園女子大学文学部教授を経て、
現在、跡見学園女子大学名誉教授。

◎主著
『絵解き　幕末諷刺画と天皇』（柏書房、2007年）
『諷刺眼維新変革　民衆は天皇をどう見ていたか』（校倉書房、2004年）
『幕末民衆文化異聞　真宗門徒の四季』（吉川弘文館、1999年）
『真宗信仰の思想史的研究――越後蒲原門徒の行動と足跡』（校倉書房、1990年）

◎共編著
『戊辰戦争の新視点　上　世界・政治』（吉川弘文館、2018年）
『戊辰戦争の新視点　下　軍事・民衆』（吉川弘文館、2018年）

錦絵《にしきえ》解析《かいせき》 天皇《てんのう》が東京《とうきょう》にやって来《き》た！

2019年5月30日　初版印刷
2019年6月10日　初版発行

著　者　　奈倉哲三
発行者　　金田　功
発行所　　株式会社 東京堂出版
〒101-0051　東京都千代田区神田神保町1-17
電話　03-3233-3741
http://www.tokyodoshuppan.com/

装丁・組版　　常松靖史［TUNE］
印刷・製本　　中央精版印刷株式会社

ISBN978-4-490-21009-5　C1021